읽고 이해하고
질문하는 힘을 기르는

문해력
어휘 사전

글 김정

초등학교에서 아이들을 가르치며, 마음의 힘을 키우는 어린이책을 쓰고 있습니다. 서울교육대학교 국어교육과를 졸업하고 동 대학원에서 국어교육으로 석사 학위를 받았습니다. 국어 교과서 집필진, 동아 연세 초등 국어사전 집필진으로 활동했습니다. 그동안 쓴 책 중에서 《배려하면서도 할 말은 하는 친구가 되고 싶어》가 중국과 대만, 베트남에 수출되었고, 〈2023년 발달장애인을 위한 읽기 쉬운 책 제작 사업〉에 선정되어 국립장애인도서관에 비치되었습니다. 《토끼 제빵사와 신비한 빵집》은 한국출판문화산업진흥원이 주최하는 〈2025년 오디오북 제작 지원 산업〉에 선정되었습니다. 《못되게 구는 친구에게 어떻게 말하지?》와 《야무지고 다정하게, 할 말은 하는 학교생활 대화법》은 대만에 수출되었고, 《초등 5학년, 글쓰기 실력을 키워라》는 세종도서에 선정되었습니다. 그 외에 《아홉 살 관계 사전》 《알콩달콩 초등 국어 개념 사전》 등이 있습니다.
livethedream530@naver.com

그림 송진욱

성균관대학교에서 화학을 전공했지만, 그림이 좋아 그림을 그리며 살아가고 있습니다. 〈문해력 평정 천하통일 삼국지〉 시리즈, 《마음에 새기고 몸에 익히는 논어 따라 쓰기》《그래서 이런 말이 생겼대요: 우리말》《그래서 이런 사자성어가 생겼대요》《무서운 고백 노트》《쉿! 비밀 폭로 앱》《미리 알면 든든해 만화 고전 시가》 등 여러 책에 그림을 그렸습니다.

초판 1쇄 인쇄 2025년 9월 10일 | 초판 1쇄 발행 2025년 9월 18일 | 글 김정 | 그림 송진욱 | 펴낸이 한순 이희섭
펴낸곳 (주)도서출판 나무생각 | 편집 양미애 백모란 | 디자인 박민선 | 마케팅 이재석
출판등록 1999년 8월 19일 제1999-000112호 | 주소 서울특별시 마포구 월드컵로 70-4(서교동) 1F
전화 02)334-3339, 3308 | 팩스 02)334-3318 | 이메일 book@namubook.co.kr
홈페이지 www.namubook.co.kr | 블로그 blog.naver.com/tree3339 | ISBN 979-11-6218-363-2 73700
값은 뒤표지에 있습니다. 잘못된 책은 바꿔 드립니다.

읽고 이해하고
질문하는 힘을 기르는

문해력
어휘 사전

김정 글 | 송진욱 그림

어린이
나무
생각

문해력은 AI 시대 미래 인재의 필수 조건

책을 읽어도 머리에 들어오지 않은 적이 있나요? 교과서를 다 읽고 나서 무슨 말인지 이해가 되지 않은 적은요? 수학 시험에서 문장제 문제를 푸는데, 무슨 말인지 몰라서 답을 구하지 못하는 친구도 있어요(수식 문제는 잘 풀겠는데, 긴 문장으로 설명하는 문제는 이해하기 어렵다고 하더라고요). 이 모든 고민은 선생님이 가르쳤던 친구들이 전해 준 말이에요. 이 친구들은 왜 이런 어려움을 겪었을까요?

문해력이 약하기 때문입니다. 문해력은 쉽게 말해서, '글을 읽고 이해하는 능력'이에요. 글을 읽고 이해가 되지 않으니 책장이 넘어가지 않고, 글의 내용이 아니라 글자만 읽는 일이 벌어지는 것이지요.

여러분이 학교에서 배우는 교과서에는 다양한 어휘가 나와요. 특히 사회·과학 교과서에는 민주주의, 국제기구, 수요, 사회 보장 제도, 용액, 광합성, 증산 작용 등 주로 한자어로 이루어진 개념어가 자주 나와요. 이러한 어휘를 잘 알지 못하면 공부하다가 자꾸 막히는 일이 생기지요.

선생님이 지금 가르치고 있는 6학년 사회 교과서에는 다음과 같은 문장이 나옵니다.

우리나라 경제의 성장 과정에서 빈부 격차가 커졌다.

이에 정부는 〈국민 기초 생활 보장법〉 등을 만들어 시행했다.

이 문장을 읽었을 때, 빈부 격차가 '잘사는 사람과 그렇지 못한 사람의 경제적 차이'라는 것을 아는 친구들은 〈국민 기초 생활 보장법〉이 무엇인지 몰라도 어느 정도 예측할 수 있지요. '경제적으로 어려움을 겪는 사람들을 지원해 주는 제도와 비슷하겠구나.'라고요. 그렇지만 빈부 격차의 뜻을 모른다면 거기서부터 내용이 이해되지 않을 거예요. 어휘력과 문해력을 갖추어야 교과서 내용과 시험 문제의 의미를 잘 이해할 수 있어요.

어휘력과 문해력은 학교와 시험에서만 필요한 게 아니에요. 우리 손 안의 작은 세상 스마트폰만 봐도 그래요. 스마트폰으로 연결되는 인터넷 세상 속 수많은 SNS와 웹페이지에 정보가 넘쳐나지만, 모르는 어휘가 섞인 글이라면 나한테 무슨 도움을 줄 수 있을까요? 문해력이 약해서 상대가 한 말이 무슨 뜻인지 이해하지 못한다면 진정한 소통을 할 수 있을까요?

여러분은 방대한 지식을 갖춘 AI를 필수 도구로 사용하는 시대를 살게 될 거예요. AI가 아무리 훌륭해도 질문에 정확한 개념과 지식이 담기지 않는다면 AI에게 발전적인 답변을 얻을 수 없어요. 미래에는 AI를 제대로 쓰는 사람에게 더 큰 문이 열릴지도 몰라요. 우리가 장착한 문해력이야말로 점점 넓어지는 정보의 바다 속에서 필요한 지식을 찾아내는 필수 조건이에요.

이 책은 사회 교과서와 과학 교과서에 자주 등장하는 어휘를 만화와 예문으로 재밌게 배우면서 교과서의 핵심 내용을 학습할 수 있도록 구성했어요. 알고 활용할 수 있는 어휘가 늘어나면, 그래서 문해력이 단단해지면 그만큼 이해할 수 있는 세상도 넓어져요. 이 책에 나오는 어휘들을 익히고 문해력을 키우면서, 여러분의 세계와 지식에 대한 이해의 폭이 훨씬 넓어지기를 바랍니다.

김정

차례

머리말 4

제1장
세상을 보는 눈을 넓히는 사회 문해력

지구를 구석구석 살펴보는 지리

사회의 맥락을 짚어 보는 사회·문화

오늘을 살아갈 지혜를 주는 역사

제2장
세상의 원리를 배우는 과학 문해력

하나뿐인 지구를 이해하는
지구 과학

세상을 움직이는 힘 물리

세상을 보는 눈을 넓히는 사회 문해력

◆ 내 손으로 가꾸는 **정치**

◆ 세상을 움직이는 **경제**

◆ 지구를 구석구석 살펴보는 **지리**

◆ 사회의 맥락을 짚어 보는 **사회 · 문화**

◆ 오늘을 살아갈 지혜를 주는 **역사**

정치

국민의 생활을 보장하고 사회 질서를 지키기 위해 나라를 다스리는 일.

대통령이나 국회의원 등 정치인이 정책을 결정하는 것과 같은, '좁은 의미의 정치'만 정치라고 생각하는 사람이 많아요. '넓은 의미의 정치'는 사람들 사이에 의견이 다르거나 문제가 생겼을 때 해결하는 모든 과정을 말해요.

선거로 학급 회장을 뽑는 것, 주민들이 모여 지역의 문제를 결정하는 것 모두 정치지요. 국회의원 또는 시장을 뽑는 일이나 어떤 문제를 시청에 건의하는 것도 정치일까요? 맞아요. 정치는 우리 주변 환경과 생활을 바꿀 수 있답니다.

어휘 넓히기

국회의원: 법을 만들고 국민과 국가를 위한 중요한 결정을 한다. 4년에 한 번씩 선거로 뽑음.

정당: 같은 정치 이념과 목표를 가진 사람들이 모여 정치에 참여하는 단체.

민주주의

국민이 권력을 가지고 그 권력을 스스로 행사하는 제도.

우리나라는 정치 제도로 민주주의를 채택하고 있어요. '민주주의'라는 말에 담긴 뜻을 살펴볼까요? 미국 제16대 대통령 링컨이 했던 '국민의, 국민에 의한, 국민을 위한 정부'라는 말은 민주주의의 핵심을 잘 담고 있어요. 나라의 주인은 국민이며, 국민이 정치에 참여해 나라를 다스리고, 국민의 행복을 위한 정치를 해야 한다는 뜻이지요.

우리 헌법에도 "대한민국의 주권은 국민에게 있고, 모든 권력은 국민으로부터 나온다."라고 되어 있어요. 우리는 모두 주권을 가진 대한민국의 주인이랍니다.

어휘넓히기

독재: 민주적인 절차를 부정하고 독단으로 하는 정치.
주권: 국가의 의사를 최종적으로 결정하는 권력.

선거

대표자를 투표 등의 방법으로 정하는 것.

모든 국민이 모여 정책을 결정할 수 있으면 좋겠지만 국민 전체가 한 장소에 모이는 것은 불가능해요. 온 국민이 모이는 대신 국민의 뜻을 반영해서 정치를 할 수 있는 대표자를 뽑는 중요한 일이 바로 '선거'예요.

능력이 부족하거나 자기 이익만 생각하는 사람을 대표로 뽑으면 나랏일이 제대로 돌아가지 않을 거예요. 그러니까 선거를 할 때는 내 한 표가 나라의 발전을 돕는다는 생각으로 신중하게 투표해야 해요.

어휘 넓히기

선거 운동: 선거에 당선되기 위해 후보를 알리고 표를 얻으려는 활동.
유권자: 선거할 권리를 가진 사람.

선거의 4원칙

선거를 치를 때 지켜야 하는 네 가지 규칙.

공정한 선거를 위해 꼭 지켜야 할 네 가지 원칙이 있어요.
'보통 선거'는 일정한 나이(우리나라는 18세 이상)가 되면 누구나 선거에 참여할 수 있다는 원칙이에요. '평등 선거'는 재산, 교육 수준 등에 차별 없이 한 사람이 한 표씩만 행사할 수 있다는 원칙이에요. '직접 선거'는 자기가 직접 투표해야 한다는 원칙이에요. 어떤 사정이 있더라도 대신 투표할 수 없어요. '비밀 선거'는 누구를 뽑는지 다른 사람이 모르게 투표를 한다는 원칙이에요. 다른 사람 눈치를 보지 않고 진짜 뽑고 싶은 사람에게 투표하기 위한 원칙이지요.

어 휘 넓 히 기

공약: 정부, 정당, 입후보자 등이 어떤 일에 대해 국민에게 실행할 것을 약속한 것.
기표소: 누구에게 투표하는지 다른 사람들이 보지 못하도록 가림막으로 가려진 장소.

인권

사람이라면 누구나 태어나면서부터 가지는 당연한 권리.

장애인이든 비장애인이든, 남자든 여자든, 어른이든 어린이든 모든 사람은 '인권'을 가지고 있어요. 우리나라는 헌법에 모든 사람이 차별받지 않으며 사람답게 살 권리를 보장하고 있어요. 모든 사람은 법에 따라 공정한 재판을 받을 권리, 일할 권리, 교육받을 권리 등을 가지고 있지요.

하지만 실제로는 어린이가 어른에게 학대당하거나, 장애인이 일자리를 구하는데 어려움을 겪는 것처럼 인권이 보호받지 못하는 일도 일어나요. 모든 사람이 권리를 누릴 수 있도록 우리 모두 노력해야 해요.

어 휘 넓 히 기

헌법: 국가 통치의 기본 방침, 국민의 권리와 의무 등을 정하는 최고의 법.
인간의 존엄성: 인간이라는 이유만으로 존중받아야 할 고유한 가치가 있다는 이념.

사회 보장 제도

생활이 어려운 국민이 잘살 수 있도록 도와주는 제도.

'사회 보장 제도'는 소득이 적거나 직업을 잃었거나 아파서 생활이 어려운 경우, 최소한의 인간다운 생활을 누릴 수 있도록 도와주는 제도예요. 생활이 어려운 사람에게 생활비와 의료비, 교육비, 주거비를 지원하는 '국민기초생활보장제도'가 대표적이에요. 아플 때 병원비나 약값을 지원하는 국민건강보험, 나이가 들거나 아파서 돈을 벌 수 없을 때 지원하는 국민연금 등의 사회 보험이나 노인 복지, 장애인 복지, 아동 복지 등의 사회 서비스도 사회 보장 제도예요.

어 휘 넓 히 기

보장: 어떤 일이 뜻하는 대로 이루어지게 할 확실한 약속.
복지: 건강하고 편안하게 살 수 있게 갖추어진 생활 환경.

국민의 권리

국민이 어떤 일을 하거나 요구할 수 있는 힘이나 자격.

국민으로서 누릴 수 있는 기본적인 권리에는 어떤 것이 있을까요?
'자유권'은 직업, 사는 곳, 종교 등을 자유롭게 선택할 수 있는 권리예요. '평등
권'은 재산, 성별, 인종 등에 상관없이 법 앞에서 차별받지 않을 권리예요. '참정
권'은 정치에 참여할 권리예요. 투표를 할 수 있고 선거에 후보로 나갈 수 있어
요. '사회권'은 인간답게 살기 위해 최소한의 생활을 요구할 권리인데, 교육받
을 권리, 일할 기회를 요구할 권리 등을 포함해요. '청구권'은 기본권을 침해당
했을 때 이를 보장해 줄 것을 국가에 요구할 수 있는 권리예요.

어 휘 넓 히 기

청구: 다른 사람에게 돈이나 물건 등을 달라고 요구함.
노동권: 일할 기회를 요구할 수 있는 권리.

국민의 의무

국민이 마땅히 해야 할 일.

'권리'와 '의무'는 짝꿍이에요. 누릴 권리가 있다면 해야 할 의무도 있지요. '교육의 의무'는 모든 국민이 일정 기간 교육을 받아야 하는 의무예요. 초등학교 6년과 중학교 3년은 의무로 받아야 하는 교육이에요. '근로의 의무'는 가진 능력만큼 일해야 한다는 거예요. 교육과 근로는 국민이 보장받아야 할 권리이기도 해요. 또 세금으로 나라를 운영하므로 세금을 성실히 내야 하는 '납세의 의무'가 있고, 나라를 지켜야 하는 '국방의 의무'가 있어요. 이외에 환경 보전을 위해 노력할 의무, 법을 잘 지킬 의무도 있지요.

강아지똥 치우는 게 너희의 의무 아니었어?

어휘넓히기

책임: 꼭 하기로 하고 맡은 일. 또는 자기가 맡은 일에 잘못이 있을 때 생긴 손해를 감당할 의무.
납세: 세금을 냄.

국회

나라의 법을 만드는 입법 기관이며, 나라의 중요한 일을 결정하는 의결 기관.

'국회'는 법을 만드는 곳이에요. 국민이 뽑은 대표인 국회의원이 모인 기관이지요. 국회는 정부가 나랏일을 제대로 하는지 감시하고, 나라 살림에 돈을 얼마나, 어떻게 쓸 것인지 계획해 놓은 예산을 결정하지요. 외국과 조약을 맺거나 국군을 외국에 파견하는 등 정부가 나라의 중요한 일을 결정할 때 찬성하거나 반대할 수 있는 권리도 있답니다. 그리고 대통령, 국무총리, 장관 등 법률로 정한 공무원이 헌법이나 법률을 어기면 이들을 해임할 수 있어요.

어휘 넓히기

입법부: 법률 제정을 담당하는 국가 기관. =국회

예산: 돈을 알맞게 쓰기 위해 들어올 돈과 나갈 돈을 미리 계획하는 것.

　　예 도서관을 짓기 위한 예산을 마련했다.

정부

나라 살림을 계획하고 실행하여, 한 나라의 최고 통치권을 가지고 있는 조직.

법에 따라 국가와 국민에 관련된 일을 처리하는 것을 '행정'이라고 해요. 그래서 정부를 '행정부'라고 말하기도 하지요.

정부에는 대통령, 국무총리, 각 부처를 담당하는 장관 등이 있어요. 대통령은 정부의 최고 책임자예요. 국가의 대표로서 다른 나라와 외교 관계를 맺고 국제 회의에도 참석하지요. 국무총리는 대통령을 도와 여러 가지 일을 처리하고 대통령의 자리가 빌 때 대신해요. 행정안전부, 보건복지부, 교육부 등 각 부처에는 장관, 차관, 공무원들이 있고, 국민의 안전하고 편안한 생활을 위해 일해요.

숙제 다 하고 놀랬지!

양말 뒤집어 놓지 말랬지!

변기 뚜껑 닫으랬지!

우리집은 엄마에게만 권력이 몰렸어.

어 휘 넓 히 기

국무총리: 대통령을 도와서 각 부처를 조정하고 총괄하는 사람.
세금: 나라 살림을 위해 국민이 내는 돈.

법원

국회에서 만든 법을 해석하고 그 뜻에 따라 재판을 하는 사법 기관.

누군가 법을 어겨서 피해를 주거나 서로 다툼이 벌어지면, 법원은 누가 법을 어겼는지, 어떤 처벌을 해야 할지 판단해요.

법원은 재판을 통해 국민의 권리를 보호하고 사회의 질서를 유지해요. 법을 해석하고 확정한다는 뜻에서 '사법부'라고도 해요. 법원(사법부)은 국회(입법부)나 정부(행정부)로부터 독립되어 간섭을 받지 않고 법과 헌법에 따라 공정하게 재판해야 해요.

어휘 넓히기

소송: 법률에 따라 옳고 그름을 결정해 달라고 법원에 요구하는 것.
공정: 어느 한쪽에 이익이나 손해가 치우치지 않고 올바른 것.

지방 자치

지역 주민이 뽑은 대표와 지역 주민이 함께 지역의 일을 스스로 결정하는 제도.

고장마다 지역 특성이 다르기 때문에 지역 주민에게 필요한 지역 살림을 할 수 있다는 것이 '지방 자치'의 좋은 점이랍니다.

특별시, 광역시, 도, 시군구 등 우리나라의 각 지방 자치 단체에는 의사 결정을 하는 지방 의회와, 결정된 사항을 집행하는 지방 자치 단체장이 있어요. 국민의 대표인 대통령과 국회의원을 뽑는 것처럼, 주민들의 대표인 지방 자치 단체장과 지방 의회 의원을 주민의 선거로 뽑지요.

어 휘 넓 히 기

기초 지방 자치 단체: 지방 자치 단체 중 기본이 되는 단체. 시, 군, 구 등이 있음.
자치: 한 집단이 자체의 일을 스스로 결정하고 처리하는 것. **예** 학생 자치 활동.

공공 기관

여러 사람의 이익과 생활의 편리함을 위해 국가가 관리하는 기관.

'공공'은 국가 또는 사회의 모든 사람에게 관계되는 것을 말해요. 그러니까 '공공 기관'은 사람들이 편리한 생활을 할 수 있도록 도와주는 곳이지요. 경찰서, 주민센터, 학교, 우체국, 소방서, 교육청, 보건소 등은 모두 공공 기관이에요. 한국도로공사, 한국가스공사 같은 공공의 이익을 위한 공기업, 서울대학교병원 같은 국립대학 소속의 대학병원, 한국과학기술연구원 같은 연구 기관 등 여러 가지 공공 기관이 있어요.

어휘 넓히기

공무원: 국가 또는 지방 공공 단체의 일을 하는 사람.
편의 시설: 사람들이 편리하고 안전하게 이용할 수 있는 시설.
　　예 도시에는 병원, 도서관 같은 편의 시설이 많다.

여론

어떤 문제에 대한 사람들의 공통된 의견.

'여론'의 한자를 살펴보면 '수레를 끄는 여러 사람의 의견'이라는 뜻이에요. 어떤 문제에 대해 사람마다 생각이 다르지만 대다수의 사람이 옳다고 생각하는 의견이 있어요. 그게 바로 여론이에요. 새로운 정책을 만들 때 국민의 여론이 영향을 미치게 됩니다. 사람들의 의견을 알아보기 위해 여론 조사 기관은 전화나 설문지 등을 통해서 선호하는 정책이나 각 후보의 지지율을 묻는 여론 조사를 하기도 하지요. 선거 결과는 국민의 뜻인 여론이 반영된 것이라고도 볼 수 있어요.

어 휘 넓 히 기

정책: 사회적인 문제를 해결하거나 정치적 목적을 실현하기 위한 방법.
언론: 신문이나 방송 등 매체를 통해 어떤 문제에 대한 의견을 널리 알리는 일.
보도: 대중 매체를 통해 사람들에게 소식을 알림.

다수결

많은 사람의 의견에 따라 결정하는 것.

친구들과 하고 싶은 놀이를 정할 때 어떻게 하나요? 의견이 서로 다를 때는 많은 친구가 찬성하는 놀이로 정하기도 해요. 이렇게 의사 결정을 할 때 많은 사람의 의견에 따르는 것을 '다수결의 원칙'이라고 해요.

다수결의 원칙에 따라 문제를 결정할 때는 서로 대화하고 타협하는 과정이 꼭 필요해요. 다수결로 내린 결정이 항상 옳은 것은 아니므로 소수의 의견도 잘 듣고 존중해야 해요.

어 휘 넓 히 기

타협: 생각이 다른 사람들이 서로의 의견을 조금씩 고쳐 가는 것.
소수: 적은 수의 사람.
과반수: 절반이 넘는 수.

정치 어휘 다지기

※ 문장을 읽고, 빈칸에 들어갈 낱말을 <보기>에서 찾아 쓰세요. (1~4)

보기

다수결   여론   인권   선거   예산   법원

1. 우리는 태어날 때부터 _____을 가지고 태어난다.

2. _____의 원칙에 따라 결정할 때는 대화와 타협이 충분히 이루어져야 한다.

3. _____에서 판사가 그 사람을 무죄로 판결했다.

4. 국회는 _____을 심의하고 결정하는 일을 한다.

5. 다음 문장에서 초성에 알맞은 낱말을 써 보세요. ☐ ☐

모든 국민은 직업을 자유롭게 선택할 ㄱ ㄹ 가 있다

6. 다음 빈칸에 공통으로 들어갈 알맞은 낱말을 써 보세요. ☐ ☐

(   )기관   (   )장소   (   )시설

경제

**사회의 돈, 자원, 소비 등을 잘 다스리는 일.
또는 생활에 필요한 물건과 서비스를 생산하고 소비하고 분배하는 모든 활동.**

신발 회사에서 신발을 만들면 우리가 사서 신어요. 신발 회사에서 신발을 만들고 매장에서 신발을 파는 사람들은 대가로 월급을 받지요. 이 월급으로 물건을 사고 생활해요. 이러한 모든 활동을 '경제 활동'이라고 해요.

우리나라의 경제는 자유와 경쟁을 원리로 하는 '자유 시장 경제'예요. 물건이 필요한 소비자가 시장에서 돈을 내고 물건을 거래하지요. 필요한 물건의 수요와 공급에 따라 '값'이 정해져요. 기업들은 소비자에게 상품을 팔기 위해 다른 기업과 경쟁을 하지요.

어 휘 넓 히 기

분배: 나누는 것.
경기: 경제와 관련해 나타나는 상황. 예 요즘 경기가 안 좋다.

수요

소비의 대상이 되는 어떤 물건에 대한 요구.

마트나 시장에서 물건을 사 본 적이 있나요? 사과를 사고자 하는 것이 사과에 대한 '수요'예요. '공급'은 수요에 대비되는 말이에요. 물건이나 서비스를 팔고자 하는 것을 말하지요. 소비자에게 필요한 사과가 10 상자인데, 사과 12 상자를 팔고자 한다면 사과에 대한 공급이 많은 거예요.

사과 농사가 잘 안 되어 사과의 공급이 줄어들면 사과의 가격이 올라가요. 반대로 공급된 사과의 양보다 사과를 사 가는 양이 적어서 사과가 남게 되면 상인들은 가격을 낮춰서라도 팔려는 경쟁을 벌인답니다.

어휘넓히기

경쟁: 서로 이기려고 다투는 것.
자원: 물건을 만들기 위해 필요한 재료, 시간, 사람의 노력 등.

희소성

인간의 욕구에 비해 자원이 제한되어 있거나 부족한 상태.

> 이런 왕점 있는
> 나 같은 남자 어때?

> 음… 확실히
> 희소성은 있는데,
> 내 스타일은 아니야.

어떤 지역에서 다이아몬드가 1년에 10그램 생산되는데, 필요한 양이 900그램이라면 '희소성'이 높아 값이 무척 비싸져요.

자원의 희소성 때문에 우리는 선택을 해야 해요. 돈이 조금밖에 없는데, 장난감도 사고 싶고 책도 사고 싶다면, 이 중 어디에 돈을 쓸지 선택해야 한다는 말이지요. 이 경우 더 큰 만족을 주는 쪽으로 선택해야 해요.

희소성은 어떤 자원이나 상품을 더 특별하게 만들어 주기도 해요. 요즘 많이 나오는 한정판 상품도 희소성이 있어 인기가 많답니다.

어 휘 넓 히 기

기회비용: 경제생활에서 어느 한 가지를 선택하기 때문에 포기하게 되는 것의 가치.
> **예** '간식'을 선택했을 때 구매를 포기하게 되는 '책'의 가치가 바로 기회비용이다.

소비

돈, 물품, 시간, 노력 등을 들이거나 써서 없애는 것.

'소비'의 한자는 사라질 소(消), 쓸 비(費)로 되어 있어요. '써서 사라지게 한다'는 뜻이에요. 돈을 주고 물건이나 서비스를 사는 것을 '소비'라고 하고, 소비를 하는 사람을 '소비자'라고 해요. 미용실에서 머리를 자르는 것, 놀이동산에서 놀이기구를 타는 것, 버스를 타는 것 모두 서비스를 사는 소비예요.

가지고 있는 돈은 정해져 있고 모든 걸 다 살 수는 없으므로 합리적인 기준을 가지고 돈을 써야 만족할 수 있어요. 이것을 '합리적 소비'라고 해요.

어휘넓히기

과소비: 가진 것보다 지나치게 돈을 많이 쓰는 것.

지출: 어떤 목적을 위해 돈을 사용하는 것. 예 이번 달은 지출이 많아서 돈이 부족하다.

생산

우리가 살아가는 데 필요한 물건과 서비스를 만들어 내는 것.

자연에서 직접 얻는 생산 활동은 농업(농사를 짓는 일), 수산업(바다에서 고기를 잡는 일), 임업(산에서 약초, 버섯, 목재 등을 얻는 일) 등이 있으며, '1차 산업'이라고 해요. 제조업은 과자나 신발, 자동차, 컴퓨터 등 물건을 만드는 일이며, '2차 산업'이라고 하지요. 사람들의 생활을 편리하고 즐겁게 해 주는 서비스업은 물건을 운반하는 일, 물건을 판매하는 일, 환자를 진료하는 일, 버스에 손님을 태우는 일 등이며, '3차 산업'이라고 해요.

어휘넓히기

가공: 원자재나 반제품에 노력을 들여 새로운 제품을 만들거나 제품의 질을 높임.
유통: 상품이 생산자에서 소비자에게 도달하기까지 교환되고 분배되는 활동.

가계

경제생활에서 소비 활동을 주로 하는 가정.

'가계'는 기업에 노동력을 제공한 대가로 소득을 얻고, 기업은 가계의 노동력을 이용해 물건을 생산해요. 예를 들어, 혜윤이 아버지는 과자 회사에서 일해서 월급을 받고, 과자 회사는 혜윤이 아버지의 노동력을 이용해 과자를 생산하지요. 기업은 물건과 서비스를 가계에 판매하기도 해요. 가전제품 회사에서 에어컨을 팔아서 이익을 얻고 가정에서는 에어컨을 사서 시원하게 생활하는 것처럼 말이지요. 이렇게 가계와 기업은 서로 도움을 주고받는 관계예요.

어휘넓히기

노동력: 생산품을 만드는 데 들어가는 사람들의 힘 또는 능력.
이윤: 장사를 하여 남은 돈. 예 이윤을 남기지 못하면 굳이 장사를 할 필요가 없다.

소득

경제 활동의 대가로 생기는 돈.

소득의 종류는 다양해요. '근로 소득'은 나라나 회사에서 월급을 받는 거예요. '사업 소득'은 가게나 회사를 운영하면서 벌어들인 수입이에요. '자본 소득'은 저축해서 받는 이자나 건물을 빌려주고 받는 월세 등 재산을 활용해 얻는 돈이에요. '이전 소득'은 보험료, 연금, 지원금 등과 같이 나라나 기업으로부터 받는 돈이에요.

어 휘 넓 히 기

수입: 개인, 국가, 단체 등이 벌어들이는 금액.
　　예 어머니는 매월 수입에서 일정한 금액을 저축하고 있다.
국민 총소득: 한 나라의 국민이 일정 기간 벌어들인 소득의 합계.

물가

상품이나 서비스의 평균 가격.

사람들이 사용하는 여러 상품이나 서비스의 가격을 '물가'라고 해요. 물가가 오르면 돈의 가치는 떨어져요. 1,000원짜리 과자가 2,000원으로 오른 경우를 살펴볼게요. 2,000원으로 과자를 2개 살 수 있었는데 1개밖에 사지 못하니까 돈의 가치는 떨어진 거예요.

물가가 지속적으로 떨어진다는 건 돈을 잘 쓰지 않고 경제 활동이 제자리걸음 상태라는 뜻이기도 해요. 그래서 물가가 갑자기 너무 떨어지거나 오르는 것 모두 경제에는 좋지 않아요.

어 휘 넓 히 기

화폐: 물건을 사고팔고 값을 치르는 데 쓰이는 지폐나 동전.
화폐 가치: 화폐로 구입할 수 있는 물건과 서비스의 양.

다국적 기업

세계 여러 나라에 계열 회사를 가지고 있는 기업.

'다국적 기업'인 회사를 알고 있나요? 아마존, 애플, 샤오미, 구글, 코카콜라 등이 잘 알려진 다국적 기업이지요. 우리나라의 삼성전자, LG전자, 현대자동차도 다국적 기업이랍니다.

다국적 기업인 맥도날드의 대표 메뉴인 빅맥은 많은 나라의 매장에서 살 수 있어요. 그래서 각 나라의 빅맥 가격을 비교해 나라별 물가와 환율 수준을 파악할 수 있지요.

어 휘 넓 히 기

국적: 한 나라의 구성원이 되는 자격. **예** 미국에 사는 너도 대한민국 국적이라고?
환율: 한 나라의 화폐 가치와 다른 나라의 화폐 가치를 비교할 때 사용하는 비율.

독과점

한 기업 또는 몇 개의 기업이 모든 생산 및 판매를 차지하는 것.

'독점'은 특정 상품에 한 기업이 경쟁자 없이 이익을 차지하는 것, '과점'은 몇 개의 기업이 이익을 차지하는 것을 말해요. '독과점'은 독점과 과점을 합친 단어예요.

기업은 경쟁자가 없으면 값을 높이려고 해요. 또 독과점일 때는 제품의

품질을 높이려고 애쓰지 않아요. 가격이나 품질로 경쟁할 필요가 없으니까요. 그래서 많은 국가들이 독과점을 규제하고 있답니다. 우리나라도 기업이 가격을 부당하게 결정하지 못하게 하는 등 '공정 거래법'으로 소비자의 권리를 보호하고 있어요.

어 휘 넓 히 기

규제: 규칙이나 법 등을 벗어나지 못하게 하는 것.

무역

서로 다른 나라 사이에 상품을 사고파는 일.

'무역'은 나라와 나라 사이에 필요한 물건을 서로 사고파는 것을 말해요. 나라마다 자연환경과 기술이 모두 다르므로 잘 만들 수 있는 상품을 다른 나라에 팔고(수출) 우리나라에서 만들지 못하는 상품을 사 오지요(수입).

석유, 천연가스처럼 우리나라에서 나지 않는 것을 수입해서 쓸 수 있고, 자동차나 반도체처럼 우리나라에서 잘 만드는 것을 수출해서 돈을 벌 수 있어요. 음반, 드라마, 영화 등 문화 콘텐츠도 우리나라의 중요한 수출품이에요.

어휘 넓히기

교역: 여러 나라가 서로 물건을 사고팔고 하는 일.
공정 무역: 값을 낮추라고 강요하지 않고 적당한 이윤을 생산자에게 돌리는 무역.

경제 어휘 다지기

※ 문장을 읽고, 빈칸에 들어갈 낱말을 〈보기〉에서 찾아 쓰세요. (1~4)

> 소비 생산 희소성 무역 물가 독과점 환율

1. 이 지역은 일찍부터 _____이 발달했다.

2. _____가 오른 만큼 월급도 올려야 한다.

3. 이 한정판 음반은 _____이 있다.

4. _____를 부추기는 사회적 분위기 때문에 사람들의 사치가 늘고 있다.

5. 다음 문장에서 초성에 알맞은 낱말을 써 보세요. ☐ ☐ ☐

> 한 기업 또는 몇 개의 기업이 어떤 제품의 생산 및 판매의 대부분을
> 차지하는 것을 ㄷ ㄱ ㅈ 이라고 한다.

6. 다음 중 반대말로 연결되지 않은 것을 고르세요. (   )

   ① 생산 – 소비

   ② 수요 – 공급

   ③ 무역 – 교역

   ④ 수입 – 수출

영토

국가의 통치권이 미치는 지역.

국가를 구성할 '국민', 국가가 자리 잡은 '영토', 국가를 통치할 권리 '주권' 세 가지가 있어야 국가가 성립됩니다. 이때 '영토'는 땅만 말하는 것이 아니라, 바다(영해)와 하늘(영공)까지 포함해요. 영토를 다른 말로 '국토'라고도 하는데, '국토 개발'이란 우리나라의 각 지역을 잘 이용하기 위해 개발하는 것을 말해요. 도로, 항구 등의 시설을 만드는 것, 자연재해를 막기 위한 시설을 만드는 것, 새로운 도시를 만드는 것 모두 국토 개발에 포함됩니다.

어 휘 넓 히 기

지리: 어떤 곳의 지형뿐만 아니라, 지구상의 자연, 도시, 교통 등의 상태를 아울러 일컫는 말.

한반도: 압록강과 두만강 아래 지역인, 한국의 국토를 이루고 있는 반도(반쯤 바다로 둘러싸여 섬처럼 보이는 육지). 우리나라 땅을 부르는 말.

방위

동서남북의 네 방향을 기준으로 하여 나타내는 어떠한 쪽의 위치.

'방위'는 지도에서 가리키는 곳이 어떤 기준을 중심으로 어느 쪽에 있는지 나타내는 방법이에요. 간단히 말하면, 동서남북의 방향을 가리키는 것이지요. 지도의 방향을 서로 다르게 해석하면 안 되므로 지도에 방위를 표시해요. 4, ✦ 등 방위를 나타내기로 미리 정한 약속이 있어요. 만약 지도에 방위표가 없다면 위쪽이 북쪽, 아래쪽이 남쪽, 오른쪽이 동쪽, 왼쪽이 서쪽이라고 생각하면 돼요. 방위는 나침반으로도 알 수 있어요. 나침반의 빨간색 바늘이 가리키는 쪽이 북쪽이에요.

어 휘 넓 히 기

북극성: 작은곰자리에서 가장 밝은 별. 북극 가까이에 있고 위치가 거의 변하지 않아, 방위의 지침이 된다. 밤하늘에 북극성이 보이는 쪽이 북쪽.

축척

지도에서의 거리와 지표에서의 실제 거리와의 비율.

놀이동산까지 10cm도 안 되네. 걸어가야겠다.

실제 거리 그대로 지도에 담으려면 종이가 너무 커지겠지요? 세계 지도를 만들려면 지구만 한 종이가 있어야 하잖아요. '축척'은 실제 거리를 지도에 나타내기 위해 줄인 비율을 말해요.

옆 지도의 오른쪽 아래에 1:50,000이라는 숫자가 있는데, 이것이 바로 축척이에

요. 축척이 1:50,000이라는 것은 지도의 1cm가 실제로는 50,000cm라는 뜻이에요. 1m는 100cm니까 지도에서의 1cm는 실제로는 500m, 지도에서의 10cm는 실제로는 5,000m(5km)이지요.

뭐야? 왜 이렇게 멀어?

1:50,000 축척에서 10cm는 5km거든!

어 휘 넓 히 기

대축척 지도: 좁은 지역을 자세히 나타낸 지도. 예 건물 위치, 도로망 등을 볼 수 있다.
소축척 지도: 넓은 지역을 간단히 나타낸 지도. 예 세계 지도, 대한민국 지도 등이 해당한다.

기호

약속된 모양으로 지도에 나타낸 표시.

지도에는 방위뿐만 아니라 산, 하천 등의 자연환경과 학교, 병원 등의 건물을 의미하는 다양한 모양의 '기호'가 있어요. 이런 장소들을 글자로 표시하기에는 지도의 지면이 좁기 때문이에요.

기호는 실제 모양을 본떠서 만들기도 해요. 예를 들어 산은 산의 모양을 본떠 위쪽이 뾰족한 초록색 삼각형으로 만들었어요(▲). 화산 활동이 일어나는 산은 빨간색 삼각형으로 표현하고요(▲). 학교 기호는 학교 건물과 건물에 걸린 태극기의 모양을 본떠서 만든 거예요(⚑).

어 휘 넓 히 기

범례: 자료를 읽는 데 필요한 사항을 모아 밝혀 둔 부분. =일러두기.

　　예 범례를 보면 기호가 이 지도에서 무엇을 뜻하는지 알 수 있다.

등고선

지도에서 해발 고도가 같은 곳을 연결한 선.

'등고선'이라는 한자어를 풀어 보면, 같은 높이를 선으로 이은 것을 뜻해요. 실제 땅 모양은 지도처럼 모두 평평하지 않아요. 땅의 높낮이를 평평한 지도에 나타내기 위해 이용하는 것이 바로 '등고선'이에요.

등고선의 간격이 좁을수록 경사가 급하고 등고선의 간격이 넓을수록 경사가 완만해요. 높이를 색깔로 구분해서 지도에 나타내기도 해요. 보통 낮은 곳은 초록색, 높은 곳으로 갈수록 노란색, 갈색, 고동색 등으로 표현해요.

어 휘 넓 히 기

해발 고도: 평균 해수면을 기준으로 측정한 높이. 산의 높이를 잴 때 사용.
　　　예 백두산은 해발 고도가 약 2,744m이다.

기후

일정한 지역에서 오랜 기간 나타난 기온, 비, 바람 등의 평균 상태.

그날그날의 대기 상태를 '날씨'라고 하고, 한 지역에서 나타나는 기온, 강수량, 바람 등의 날씨 변화를 여러 해 기록해서 평균을 낸 것을 '기후'라고 해요. '오늘은 온종일 비가 내렸다.'라고 하면 날씨를 말하는 것이고, '우리나라는 여름에는 기온이 높고 겨울에는 기온이 낮다.'라고 하면 기후를 말하지요.

기후에 따라 사람들의 생활 모습과 그 지역에 사는 동식물도 많이 다르답니다. 적도와 가까운 저위도 지역은 기후가 매우 덥고, 적도와 먼 고위도 지역은 1년 내내 추워요. 중위도 지역의 우리나라는 사계절이 있지요.

어 휘 넓 히 기

위도: 적도를 기준으로 지구를 가로로 나눠서 남쪽이나 북쪽으로 떨어진 정도.
적도: 위도의 기준이 되는 선. 적도의 위도는 0도.

열대 기후

1년 내내 매우 더운 기후.

지구에는 지역에 따라 여러 기후가 나타나요.

열대 기후는 1년 내내 매우 덥고 비가 많이 와요. 어떤 곳은 비가 오는 우기와 오지 않는 건기가 반복돼요. 온대 기후는 사계절의 변화가 뚜렷해요. 우리나라 기후는 온대 기후에 속하지요. 냉대 기후는 겨울이 길고 여름은 짧아서 겨울과 여름의 기온 차이가 커요. 한대 기후는 1년 내내 매우 춥고 가장 따뜻한 달의 평균 기온이 10℃ 이하이며, 극지방에서 나타나지요. 건조 기후는 비가 거의 오지 않아서 건조하며, 사막에서 많이 나타나요.

어 휘 넓 히 기

스콜: 열대 지방에서 갑자기 내리는 짧고 강한 소나기.
극지방: 북극과 남극 주변의 지역.

기온

대기의 온도.

날씨는 기온, 강수량, 바람, 습도로 결정돼요. 기상청은 이 내용을 종합해 일기예보를 알려 줘요. '기온'은 공기의 온도예요. 1년 중 가장 무더운 달인 8월은 평균 최고 기온이 30℃이고, 가장 추운 달인 1월은 평균 최저 기온이 영하 6℃까지 내려가요.

'강수량'은 일정 기간 일정한 곳에 내린 모든 물(비, 눈, 우박 등)의 양을 말해요. 강우량은 비가 내린 양이고 강설량은 눈이 내린 양인데, 강수량은 강우량과 강설량 등을 합한 말이에요. 강설량, 강우량 모두 mm로 표시해요.

어 휘 넓 히 기

우박: 구름 안에서 온도 차이로 생긴 얼음 알갱이가 떨어지는 현상.
안개: 지표면 가까이에 작은 물방울이 부옇게 떠 있는 현상.

바람

공기의 흐름.

바람이 불어오는 방향을 '풍향'이라고 해요. 북풍이라고 하면 북쪽에서 불어오는 바람을 뜻해요. 바람의 빠르기는 '풍속'이라고 해요. 바람이 1초 동안 흘러간 거리를 말하며, m/s(미터/초)로 표시해요.

'습도'는 공기 가운데 수증기가 들어 있는 정도를 말하고 %(퍼센트)로 표시해요. 공기 중에 수증기가 많으면 습도가 높다고 말하지요. 겨울철 습도가 낮으면 집에 가습기를 틀기도 합니다. 비가 오는 날은 습도가 높아서 '공기가 습하다'고 표현하지요.

어휘넓히기

계절풍: 계절에 따라 방향이 바뀌는 바람.
해륙풍: 낮과 밤에 따라 육지와 바다 사이에서 생기는 바람.

평야

평평하고 넓은 지형.

우리나라는 국토의 70% 정도가 산이에요. 주로 북쪽과 동쪽에 산이 많고, 서쪽에는 평야가 많아요. 산지에서는 계단식으로 만든 밭과 논에서 농사를 지었어요. 평야는 논밭을 넓게 만들 수 있어서 농업이 발달했어요.

강원도의 산간 지역에는 높은 곳에 있는 평평한 땅인 '고위 평탄면'이 있는데, 여름철에도 서늘한 기후를 이용해 배추, 무 등을 재배하는 '고랭지 농업'이 이루어지고 있어요.

어휘넓히기

산맥: 여러 산이 연이어 길게 늘어서 있는 지형. 예 태백산맥은 길이가 200km나 돼.
하천: 강과 시내를 아울러 부르는 말.

해안

바다와 육지가 맞닿은 곳.

'해안'은 바다와 육지가 닿아 있는 부분을 말해요. 부산이나 인천처럼 바닷가에 자리 잡아 바다와 맞닿아 있는 도시를 '해안 도시'라고 하지요.

우리나라의 동쪽은 동해, 서쪽은 서해, 남쪽은 남해와 맞닿아 있어요. 동해안은 해안선이 단조롭고 바닷물이 깊어요. 서해안과 남해안은 해안선이 복잡하고 바닷물이 얕으며 섬과 만이 많지요. 해안의 모습이 모두 다르고 각각의 특성이 달라 다양한 수산물을 얻을 수 있는 것이 장점이에요.

어휘 넓히기

내륙: 바다에서 멀리 떨어져 있는 육지.
곶: 바다 쪽으로 가늘고 길게 뻗은 땅. 바다에서 육지 쪽으로 움푹 들어와 있는 곳은 '만'.

촌락

농촌, 어촌, 산촌 등 시골의 작은 마을.

'촌락'은 농촌, 어촌, 산촌으로 나눌 수 있어요. 농촌은 농사짓는 사람들이 모여 사는 마을이에요. 논과 밭이 많아요. 어촌은 물가에서 주로 고기잡이를 하는 사람들이 모여 사는 마을이에요. 염전에서 소금을 만들고 양식을 하기도 하지요. 산촌은 산속에 있는 마을이에요. 계단식 논에서 농사를 짓고 숲에서 버섯을 키우며 목장에서 소나 양을 기르기도 해요. 최근에는 복잡한 도시에서 벗어나 촌락으로 '귀촌'하는 사람도 늘어나고 있어요.

난 방학 때마다 어촌에 있는 할아버지 댁에 놀러 간다.

재밌겠다!

바꾸자.

난 이번 방학 때 또 해외여행 가는데…. 아, 지겨워.

덩실

덩실

휴

어 휘 넓 히 기

귀촌: 도시에서 살던 사람이 촌락으로 돌아가는 것.
귀농: 농사를 지으려고 농촌으로 돌아가는 것.

도시

정치·경제·문화의 중심이 되는, 사람이 많이 사는 지역.

도시 중에서도 특히 규모가 큰 도시를 '대도시'라고 불러요. 너무 많은 사람이 모여 살기 때문에 교통 문제, 환경 오염 문제 등이 생기기도 합니다.

'수도권'은 수도인 서울특별시를 중심으로 이루어진 주변의 대도시들을 일컫는 말이에요. 서울특별시, 인천광역시, 경기도를 포함합니다. 수도권에는 대한민국 인구의 절반 이상이 살고 있어요. '광역시'는 인구가 100만 명이 넘는 큰 도시를 말하는데, 인천, 부산, 대구, 대전, 광주, 울산 등 6개의 광역시가 있어요.

어 휘 넓 히 기

수도: 한 나라의 중앙 정부가 있는 도시. 우리나라의 수도는 서울특별시.
도심: 도시의 중심. 예 지하철이 생겨 도심과 주변을 오가기가 편리해졌다.

갯벌

바닷물이 드나드는 넓고 평평한 땅.

'갯벌'은 바닷물이 들어오면(밀물) 물에 잠기고 바닷물이 빠져나가면 (썰물) 물 밖으로 드러나요. 우리나라는 파도가 약하고 바닷물이 얕은 서해안에 주로 갯벌이 있지요. 우리 몸에 노폐물을 걸러 주는 콩팥이 있는 것처럼 바다에는 오염된 바다 환경을 정화하는 갯벌이 있어요. 갯벌은 철새를 비롯한 수많은 동식물이 사는 곳이기도 해요. 어민들은 갯벌에서 조개, 게, 낙지, 굴 등을 잡아서 생활하고, 관광객들은 조개잡이 등 다양한 체험을 할 수 있어요.

어 휘 넓 히 기

간척: 바닷가에 둑을 쌓고 그 안의 물을 빼내어 땅으로 만드는 일.
서식지: 동식물이 일정한 곳에 자리를 잡고 자연 상태로 사는 곳.

대륙

지구의 넓고 큰 땅덩어리.

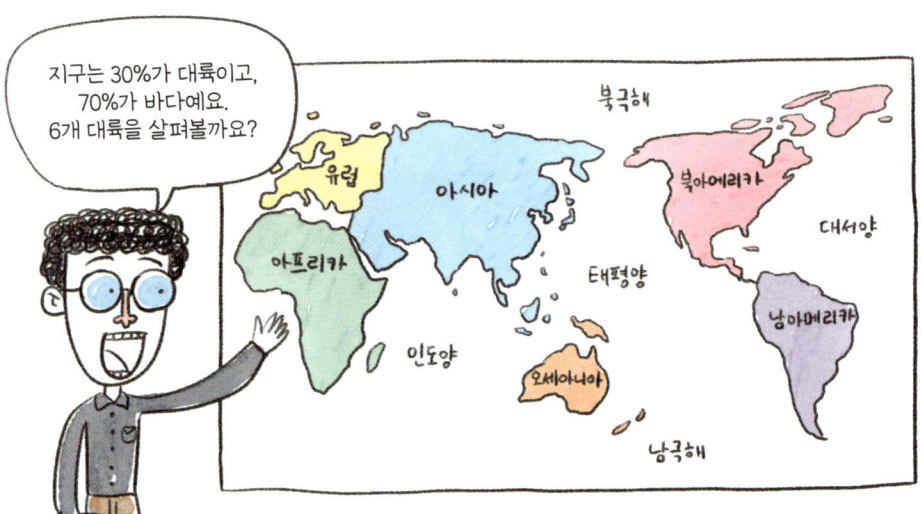

지구는 30%가 대륙이고, 70%가 바다예요. 6개 대륙을 살펴볼까요?

지구에서 '대륙'이 차지하는 면적은 약 30%예요. 지구의 나머지 70%는 대양(바다)이지요. 지구에는 여섯 개의 대륙이 있어요. 대륙을 나누는 기준은 조금씩 다르지만, 보통 유럽, 아시아, 북아메리카, 남아메리카, 아프리카, 오세아니아로 나누어요. 우리나라가 속한 아시아 대륙은 가장 면적이 넓은 대륙이에요. 지구에서 가장 남쪽에 있는 땅인 남극도 대륙이라고 할 수 있어요. 반면에, 북극은 바다 위 얼음층이라서 대륙이라고 하지는 않아요.

어휘 넓히기

대양: 태평양, 대서양, 인도양, 북극해, 남극해 같은 대규모의 바다.
면적: 면이 일정한 공간을 차지하는 넓이.

지리 어휘 다지기

※ 문장을 읽고, 빈칸에 들어갈 낱말을 〈보기〉에서 찾아 쓰세요. (1~4)

강수량   기온   습도   광역시   수도권   등고선   해발 고도

1. _____ 간격이 넓을수록 경사가 완만하다.

2. _____ 에 인구가 밀집되어 있어 교통 문제가 심각하다.

3. 내년에 _____ 가 될 것이라는 소식을 듣고 우리 동네 사람들은 지역 발전에 대

   한 희망을 가졌다.

4. 비가 오는 날은 _____ 가 높다.

5. 다음 낱말의 뜻으로 알맞은 것을 고르세요. (   )

도시

① 평평하고 넓은 지형.
② 바닷물이 드나드는 넓고 평평한 땅.
③ 지구의 넓고 큰 땅덩어리.
④ 정치·경제·문화의 중심이 되는, 사람이 많이 사는 지역.
⑤ 농촌, 어촌, 산촌 등 시골의 작은 마을.

인구

일정한 지역 안에 사는 사람의 수.

오늘날 지구상의 인구는 약 80억 명이에요. '세계에서 인구가 가장 많은 나라'
라고 하면 중국을 떠올리는 사람이 많은데, 최근 조사에서는 인도에 밀려 2위
를 기록했어요. 3위는 미국이고, 우리나라는 29위쯤 돼요.

우리나라는 땅의 크기에 비해 인구가 많아 '인구 밀도'가 높은 나라예요. 1km²
면적의 땅에 531명쯤이 산답니다. '인구 분포'를 살펴보면 도시에 사는 인구 비
율이 82.4%쯤 되는데, 특히 수도권 인구의 비율이 높지요.

오늘따라
인구 밀도가 높네.
답답해.

어 휘 넓 히 기

인구 밀도: 한 지역의 인구의 많고 적은 정도.
인구 분포: 인구가 어디에 얼마나 모여 살고 있는가를 나타낸 것.

고령화

한 사회에서 65세 이상 노인 인구의 비율이 높아지는 것.

'고령화'는 전체 인구의 평균 나이가 높아지는 현상이에요. 우리나라는 출산율이 낮아지고 평균 수명이 늘어나면서 고령화가 빠르게 진행되고 있어요. 노인 인구 비율이 전체 인구의 20% 이상일 때 '초고령 사회'로 분류하는데, 우리나라는 2024년 초고령 사회에 진입했어요.

출산율이 낮아지는 상황에서 노인 인구가 계속 증가하면 일을 할 수 있는 인구가 줄어들고 노인을 부양하는 비용이 늘어나는 등 여러 가지 문제가 생기지요.

어 휘 넓 히 기

평균 수명: 한 나라나 사회에서 사람이 태어나서 몇 년을 살 수 있는가를 평균으로 나타낸 것.
> 예 미래에는 평균 수명이 120세로 늘어날 것으로 예측된다.

특산물

어떤 지역에서 특별하게 나는 물건.

'특산물' 중에는 그 지역에서 생산되는 농수산물도 있고, 특별히 더 품질 높게 생산되는 공예품이나 식품도 있지요. 우리나라 각 고장의 특산물로는 강화 인삼, 여주 쌀, 금산 인삼, 의성 마늘, 횡성 한우, 제주 흑돼지, 완도 김, 영광 굴비, 영덕 대게 등의 농수산물과, 안성 유기, 통영 나전칠기, 강화 화문석, 한산 모시, 전주 한지 등 공예품이 있어요.

어 휘 넓 히 기

명물: 한 지방의 유명한 생산품. **예** 감귤은 제주의 명물이 되었다.
생산품: 생산하는 물건.

풍습

오래전부터 지켜 내려오는 사회적 풍속이나 관습.

웃어른을 공경하는 것, 설날에 세배하는 것, 성묘를 하는 것 등 오래전부터 지켜 내려온 생활 습관을 '풍습'이라고 해요.

'전통'은 옛날부터 전해 내려오는 문화, 행사, 명절 등의 일정한 생활 모습을 말해요. 우리나라의 전통 옷으로는 한복이 있고 전통 음식으로는 송편, 떡국 등이 있지요.

'풍속'은 풍습과 비슷한 말이에요. 세시 풍속은 대보름에 호두, 잣 등 부럼을 깨는 것처럼 해마다 절기나 달, 계절에 맞추어서 하는 여러 가지 놀이나 일을 말해요.

어 휘 넓 히 기

관습: 어떤 사회에서 오랫동안 지켜 내려와 그 사회 사람들이 널리 인정하는 질서나 풍습.
대보름: 음력 1월 15일. 한 해의 보름달이 처음 뜨는 날.

문화

사람들이 함께 생활하면서 만들어지고 전해지는 생활 방식.

프랑스에서는 인사할 때 뺨을 맞대지.

쪽

인도는 합장을 해.

나마스떼

먹고 입고 자는 것을 비롯해 언어, 종교, 예술, 학문 등 모든 생활 방식이 '문화'예요. 밥 먹을 때의 예절도 문화에 해당하지요. 문화는 나라마다, 사회마다 다양해요. 그래서 '한국의 문화', '인사 문화', '음악 문화' 같은 말이 모두 가능하지요.

독립운동가인 김구는 "오직 한없이 가지고 싶은 것은 높은 문화의 힘이다."라고 할 만큼 문화의 중요성을 강조했어요. 요즘 영화, 드라마, 음악, 음식, 패션 등 우리 문화가 전 세계의 주목을 받으니 그 바람이 이루어진 것 같지요?

어 휘 넓 히 기

다문화 사회: 다른 인종, 민족 등 여러 집단이 지닌 문화가 함께 존재하는 사회.
의식주: 사람이 생활하는 데 가장 기본이 되는 옷, 음식, 집.

여가 활동

남는 시간에 즐거움을 얻기 위한 활동.

여가는 일하지 않는 시간을 말해요. 사람들은 일하거나 공부하는 시간을 빼고 남는 시간에 여러 가지 활동을 하는데, 이를 '여가 활동'이라고 해요. 일이나 공부를 하며 쌓인 스트레스를 풀 수 있고 가족이나 친구들과 더 친해지게 되는 등 여가 활동은 생활에 여러 가지로 도움이 돼요.

여행, 영화 감상, 음악, 감상, 독서, 컴퓨터 게임, 등산, 캠핑, 운동, 악기 연주, 공연 관람, 봉사 활동 등 다양한 여가 활동이 있어요.

어 휘 넓 히 기

취미: 전문적이 아니라 즐기기 위해 하는 일.
재미: 아기자기하게 즐거운 기분이나 느낌.

교류

사람들이 서로 자주 만나거나 연락하면서 의견이나 물건을 주고받고 하는 것.

교통과 통신이 편리한 지금은 세계적으로 나라 간 교류가 활발해요. 아주 오래 전부터 사람들이 다른 나라나 멀리 떨어진 지역과 교류를 했던 사실은 박물관 유물을 통해서도 알 수 있지요.

도시와 농촌 간에 인연을 맺는 것을 '도농 교류'라고 해요. 상품이 오가는 데 여러 단계를 거치지 않고, 소비자와 생산자가 직접 거래할 수 있어서, 도시의 소비자는 좋은 상품을 저렴한 가격에 살 수 있고 농촌에서는 높은 이익을 얻을 수 있지요.

경주 황남대총에서 발견된 로마 유리!

이 정도는 들어 줘야 신라 힙스터!!
한반도까지 흘러온 로만 글라스 스타일

어휘넓히기

결연: 가까운 관계를 맺는 것. **예** 우리 학교는 농촌의 학교와 결연을 맺었다.
전파: 지식·사상·기술 등을 널리 퍼뜨리는 것.

세계화

세계가 하나로 되는 것.

교통과 통신의 발달로 세계는 한마을처럼 연결되었어요. 비행기를 타면 세계 어디든 하루이틀 안에 갈 수 있고, 인터넷과 스마트폰 덕에 전 세계의 소식을 바로 알고 교류하게 되면서 '세계화'가 빠르게 진행되었어요.

다른 나라에서 들어온 음식을 먹거나 다른 나라에서 유행한 옷을 입는 것, 다른 나라 사람이 우리나라 드라마를 즐겨 보는 것, 해외여행을 하는 사람이 늘어나는 것 등은 세계화의 현상 중 하나랍니다.

어 휘 넓 히 기

상호 의존성: 양쪽 모두 서로 의지해 생활하는 것.

지구촌: 교통과 통신의 발달로 지구에 사는 모든 사람이 한마을에 사는 것처럼 가까워지면서 이루는 하나의 공동체.

국제기구

국제적인 활동을 위해 두 나라 이상의 회원국으로 구성한 조직.

'국제'는 여러 나라에 관련된 것을 말해요. 교통과 통신, 무역이 발달해 나라 간 교류가 많아지면서 전쟁이나 전염병 등 한 나라의 일이 세계 전체에 많은 영향을 주게 되었어요. 지구 온난화, 전쟁처럼 함께 힘을 모아 해결해야 할 일도 생겼고요. 그래서 전 세계의 문제를 서로 힘을 합쳐 해결하기 위해 국제기구를 만들었어요.

대표적인 국제기구에 '국제 연합'이 있어요. 세계 평화와 안전을 지키기 위해 여러 나라들이 함께 만든 국제기구인데, '유엔(UN)'이라고도 해요.

어휘 넓히기

평화: 평온하고 화목함.
안전: 위험이 생기거나 사고가 날 염려가 없음.

사회·문화 어휘 다지기

※ 문장을 읽고, 빈칸에 들어갈 낱말을 〈보기〉에서 찾아 쓰세요. (1~4)

보기

> 세계화   지구촌   인구 밀도   고령화   특산물   전통 문화   교류

1. 남한과 북한의 _____가 활발해지고 있다.

2. 교통과 통신이 발달해 전 세계가 하나의 _____으로 연결되었다.

3. 여주의 _____은 쌀이다.

4. 우리나라 대도시는 _____가 매우 높다.

5. 다음 뜻을 가진 낱말을 찾아 쓰세요. □ □ □ □

> 국제적인 활동을 위해 두 나라 이상의 회원국으로 구성한 조직.

6. '풍습'과 뜻이 비슷한 낱말을 두 가지 고르세요. (,   )

① 교류   ② 결연   ③ 풍속   ④ 전파   ⑤ 관습

신분 제도

태어날 때의 출신에 따라 계급을 나누는 제도.

신라에는 '골품제'라는 신분 제도가 있었어요. 왕족은 성골과 진골, 귀족과 평민은 6두품부터 1두품까지 여러 등급이 있었지요.

조선 시대에는 양반, 중인, 상민, 천민으로 신분이 나뉘었어요. 신분에 따라 사람들의 생활 모습이 매우 달랐고 다른 신분과는 결혼도 할 수 없었어요. 양반이라고 해도 큰 죄를 지으면 천민이 되기도 했어요.

지금은 신분 제도가 없고, 계급이나 신분 제도를 만드는 것이 헌법으로 금지되어 있어요.

어 휘 넓 히 기

역사: 과거에 있었던 변화나 발전을 기록한 것.
선사 시대: 문자로 쓴 역사의 기록이 남아 있지 않은 시대.
계급: 한 사회에서 정해진 신분의 등급.

전성기

가장 강하고 번성한 시기.

우리 역사에서 한강 유역은 농사가 잘되고 교통이 편리해 사람들이 살기 좋은 곳이었어요. 많은 나라들이 한강 유역을 차지하기 위해 전쟁을 했어요. 삼국 시대에는 한강 유역에 나라를 세운 백제가 삼국 중 가장 먼저 전성기를 맞았어요. 그 뒤 고구려 장수왕이 백제의 수도를 함락시키고 한강 유역을 차지했어요. 장수왕은 고구려를 한반도 역사상 가장 큰 나라로 만들며 전성기를 맞았지요. 그다음으로는 신라가 이 지역을 점령하며 전성기를 이루었답니다.

어 휘 넓 히 기

황금기: 가장 좋은 시기.
유역: 강 주변의 지역.

대첩

싸워서 크게 이김.

이번 길드전에서 우리 길드가 압승했다. 오늘을 '길드 대첩'이라 부르겠어!

하하하

우리나라는 대대로 이민족의 침입을 막아 내며 나라를 지켜 왔어요. 수나라가 고구려에 쳐들어왔을 때, 을지문덕 장군은 일부러 지는 척하여 수나라 군대가 청천강(살수)을 건너게 한 뒤 반쯤 건넜을 때 맹렬하게 공격해 이겼지요. 청천강에서 고

구려가 수나라 군대를 물리친 싸움을 '살수 대첩'이라고 해요.

고려에 침입한 거란의 군대를 귀주에서 무찌른 전투를 '귀주 대첩'이라고 하고, 이순신 장군이 한산도에서 왜군을 크게 이긴 전투를 '한산도 대첩'이라고 해요.

게임 그만하라고 했지!!

엄마한테는 대패네.

아아아-

어휘 넓히기

압승: 크게 이김.
항쟁: 외적의 침략에 맞서 싸우는 행동.

동맹

여러 사람, 단체, 나라 등이 서로의 이익이나 같은 목적을 위하여 결합하는 것.

고구려, 백제, 신라는 각자의 이익을 위해 서로 손을 잡기도 하고, 등을 돌리기도 했어요. 백제의 동성왕은 고구려의 침략에 맞서고자 신라에 '동맹'을 요청했어요. 신라 역시 고구려의 정복 정책으로 위기에 빠진 때였기에 신라와 백제는 함께 고구려를 막아 내기 위해 '나제 동맹'을 맺었어요(493년).

동맹을 맺은 두 나라는 백제가 고구려에 빼앗겼던 한강 유역을 되찾는 데 성공했지만, 신라가 백제를 공격하고 한강 유역을 독점하면서 나제 동맹은 깨지고 말았답니다(553년).

어 휘 넓 히 기

연맹: 같은 목적을 가진 나라나 단체가 행동을 같이할 것을 약속함.
조약: 나라끼리 맺는 공식적인 약속.

유민

망해서 없어진 나라에 남겨진 백성.

신라와 당나라 연합군이 백제와 고구려를 차례로 멸망시켰어요. 나라는 망해 없어졌지만, 백성은 그 땅에 남아서 살아가야 했지요. 백제와 고구려의 부흥 운동은 유민들이 잃어버린 나라를 다시 일으키기 위해 벌였던 운동이에요. 백제 부흥 운동은 나당 연합군에 막혀 실패했어요. 고구려 부흥 운동도 각지에서 벌어졌지만 성공하지 못해 고구려와 백제 모두 다시 세워지지 못했지요. 그러나 고구려 장군 대조영과 유민들이 말갈족과 함께 '발해'라는 나라를 세웠답니다.

어 휘 넓 히 기

부흥: 약하게 되었던 것이 다시 힘이 생기는 것.
건국: 새 나라를 세우는 것.
멸망: 나라가 망해 없어지는 것.

계승

조상의 전통이나 문화, 업적 등을 물려받아 계속 이어 나감.

발해는 고구려를 계승했고, 나중에 세워진 고려도 고구려를 계승했어요. 고려는 이름부터 고구려를 '계승'했다는 것을 밝히고 있고, 옛 고구려가 있던 땅에 자리를 잡은 발해는 건국 초기부터 고구려를 계승한 나라라고 밝혔어요. 기와의 모양 등 고구려와 발해의 문화 유산을 비교해 보면 서로 닮았다는 것을 알 수 있어요.

선임자(앞사람)의 뒤를 이어받는 것도 계승이에요. 왕위를 물려받거나, 왕위 같은 직책은 아니어도 앞사람의 뜻을 이어받는 것을 계승이라고 해요.

어 휘 넓 히 기

승계: 선임자의 뒤를 이어받음.
전승: 문화, 풍속, 제도 등을 이어받아 계승함.

과거 제도

시험을 치러 높은 관리를 뽑던 제도.

고려 초기에는 관리 대부분이 개국 공신들이었어요. 그 뒤에는 그 자손들이 관직에 올랐지요. 광종은 능력 있고 왕에게 충성하는 관리를 뽑기 위해 '과거 제도'를 시행했어요.

조선 시대에는 과거 제도가 이어져 체계적으로 자리 잡았어요. 조선의 과거 제도는 문관을 뽑는 문과, 무관을 뽑는 무과, 기술관을 뽑는 잡과가 있었어요. 1등인 장원 급제를 하면 합격증인 '홍패'를 받고 왕이 내린 '어사화'를 모자에 꽂고 자랑할 수 있었어요.

어 휘 넓 히 기

왕권: 임금이 가진 권력.
음서 제도: 5품 이상의 고위 관리나 나라에 큰 공을 세운 신하의 자손에게 벼슬을 주는 제도.

무신

군사 일을 맡은 신하.

고려 시대에는 문신들이 높은 지위를 모두 차지하고 있었어요. 전쟁터에서조차도 높은 관직은 문신이 맡았어요. 거란이 침입했을 때 싸우지 않고 담판만으로 물리친 서희, 거란군을 무찌른 '귀주 대첩'으로 유명한 강감찬, 별무반을 이끌고 여진족을 토벌해 영토를 넓힌 윤관, 모두 문신 출신 장군이에요.

무신에 대한 차별이 나아지지 않고 더욱 심해지자 무신들은 불만을 품고 무신 정변을 일으켰어요. 수많은 문신을 죽이고 권력을 차지했지요. 이후 100년간 무신들이 고려 정권을 장악했습니다.

어휘 넓히기

정변: 혁명이나 쿠데타와 같은 방법으로 정권이 바뀌는 것.
> **예** 조선 시대에 일어난 갑신정변은 3일 만에 실패로 끝나고 말았다.

붕당

조선 시대에 학문적·정치적 입장에 따라 만들어진 집단.

'붕당'의 한자는 친구 붕(朋), 무리 당(黨)으로 되어 있어요. 뜻이 같은 학자, 선비들이 모여 만든 정치 집단이란 뜻이지요. 이 선비들 중에서 관직에 나가는 사람들이 나왔기 때문에 이들의 뜻에 따라 나라의 정책이 많이 결정되었어요.

처음에 붕당은 다른 당과 조화를 이루면서 건전한 토론을 했지만, 점점 자기 당의 입장을 고집하며 진흙탕 싸움을 벌였어요. 영조는 붕당 정치가 정치를 혼란스럽게 만든다고 생각했어요. 그래서 서로 다른 무리의 신하들이 싸우지 않고 정치에 골고루 참여할 수 있도록 '탕평책'을 실시했답니다.

어 휘 넓 히 기

탕평책: 조선 영조 때 각 당에서 고르게 인재를 뽑던 정책.
토론: 어떤 문제에 대해 여러 사람이 각각 의견을 말하며 논의함.

의병

외적을 물리치기 위해 백성들이 스스로 조직한 군대.

나라가 위기에 처했을 때 양반, 천민, 승려 등 다양한 신분의 사람들이 전국 각지
에서 '의병'을 일으켰어요. 임진왜란 때 의병은 관군과 협력해 진주성과 행주산성
등 곳곳에서 큰 승리를 거뒀어요.

조선 말에도 일제의 침략에 맞서 싸우기 위해 의병이 일어났는데, 이를 '항일 의
병'이라고 해요. 1895년 명성황후가 시해되었을 때, 1907년 대한제국의 군대가
해산되었을 때 전국에서 의병이 일어났어요. 이들 중 일부는 만주, 연해주 등으
로 옮겨가 활동을 이어 가기도 했지요.

어 휘 넓 히 기

항일: 일본에 맞서 싸움.
봉기: 옳지 못한 일에 대항해 많은 사람이 떼 지어 세차게 일어나는 것.

개항

외국의 배와 상품이 들어오도록 항구를 여는 것.

서양의 여러 나라가 조선에 '개항'을 요구했지만, 고종의 아버지인 흥선 대원군은 스스로 나라 힘을 키우는 것이 먼저라고 생각해서 개항을 막았어요. 그러던 중 일본의 운요호가 강화도 앞바다에 정박하고 떠나지 않자 조선 측에서 경고하는 대포를 쏘았어요. 이후 일본은 조선이 운요호에 사격한 일을 따지며 자신들과 회담을 하지 않으면 공격하겠다고 협박했어요.

결국 조선과 일본의 대표가 강화도에서 조약을 맺었고, 조선은 항구를 열었어요. '강화도 조약'은 조선에 불리한 점이 많은 불평등한 조약이었어요.

어 휘 넓 히 기

개화: 외국의 새로운 사상과 문물을 받아들여 생각을 바꾸는 것.
통상: 나라 사이에 서로 물건을 사고파는 것. 비슷한 말은 '무역', '교역'.

강점기

남의 영토나 권리를 강제로 차지한 시기.

우리나라는 1945년 8월 15일
일제의 지배로부터 해방되었고,
1948년 8월 15일 대한민국 정부가
수립되었음을 공식적으로 선포했어.

|대한독립 만세|

일본은 제국주의를 주장하며 조선을 침략했어요. 당시의 일본을 '일제'라고 부르기도 해요. '일제 강점기'는 우리나라를 일제에 빼앗긴 1910년부터 해방된 1945년까지 35년간 우리 민족이 수난을 겪었던 시기를 말해요.

일제는 조선 총독부를 설치하고 우리 민족을 탄압했어요. 일본의 헌병과 경찰이 우리나라 사람들을 감시했고 땅을 빼앗으며 우리 민족의 문화를 없애려고 했어요. 우리는 온갖 탄압 속에서도 독립운동을 펼쳤어요.

어 휘 넓 히 기

제국주의: 힘센 나라가 힘으로 다른 나라를 억눌러 지배하려는 주장.
광복: 빼앗긴 주권을 되찾는 것.
독립: 완전한 주권을 갖는 것.

역사 어휘 다지기

※ 문장을 읽고, 빈칸에 들어갈 낱말을 〈보기〉에서 찾아 쓰세요.(1~4)

보기

대한민국 개항 과거 전성기 독립 의병 항일 왜란

1. 신라는 삼국을 통일시키며 _____를 맞았다.

2. 우리나라 사람들은 전국 각지에서 _____을 일으켜 외세의 침략에 저항했다.

3. 조선은 _____제도를 통해 훌륭한 인재를 많이 뽑았다.

4. 1948년 8월 15일 _____정부 수립을 선포했다.

5. 다음 문장에서 초성에 알맞은 낱말을 써 보세요.

영조는 붕당에 상관없이 신하들이 정치에 골고루 참여하게 하고자
ㅌ ㅍ ㅊ 을 실시했다.

6. 다음 중 '계승'과 비슷한 말이 아닌 것을 고르세요. (   )

① 승계   ② 후계   ③ 전승   ④ 변화   ⑤ 전수

힌트 '이어받는다'는 뜻이 없는 낱말을 골라 보세요.

〈정답〉 1. 전성기 2. 의병 3. 과거 4. 대한민국 5. 탕평책 6. ④

※ 문제가 암호로 되어 있어요. 다음 표를 참고해 암호를 풀고 문제를 알아낸 다음 정답을 써 보세요.

☆	★	○	●	◑	◇	◆	□	♨
지	는	노	인	의	율	비	구	령
△	♥	▲	♣	→	♤	▨	◈	⬜
이	높	것	아	은	?	!	초	사

암호  ○ ♨ ● □ ◑ ◆ ◇ △ ♥ ♣ ☆ ★ ▲ → ♤

문제 _____

정답 ☐ ☐ ☐

제2장

세상의 원리를 배우는
과학 문해력

♦ 하나뿐인 지구를 이해하는 **지구 과학**

♦ 세상을 움직이는 힘 **물리**

♦ 소중한 생명 현상을 배우는 **생물**

♦ 우리를 둘러싼 **물질**

지층

자갈, 모래, 진흙 등이 쌓여 층을 이루고 있는 것.

'지층'은 자갈, 알갱이의 크기, 색, 성분 등이 서로 달라서 위아래의 퇴적암과 층으로 구분이 돼요. 샌드위치를 떠올려 보면 이해하기 쉬울 거예요. 커다란 바위나 돌이 비와 바람 등에 깎여서(침식) 자갈, 모래, 진흙이 되면, 그것이 흐르는 물에 운반되어 강 하류나 호수, 바다 밑바닥에 계속 쌓이고(퇴적) 단단해지면서 지층이 만들어져요.

어휘 넓히기

침식: 비, 바위나 돌, 흙 등이 빗물이나 바람 등에 의해 깎이는 일.
퇴적: 흙이 물이나 바람 등에 운반되어 쌓이는 일.

퇴적암

퇴적물이 오랜 시간 동안 굳어져서 만들어진 암석.

퇴적물이 쌓이면 위쪽에 계속 쌓이는 퇴적물의 무게에 눌리고, 시간이 흐르면서 알갱이들이 서로 엉겨 붙어요. 이렇게 오랜 세월 동안 눌리고 굳어져 '퇴적암'이 됩니다. 지층은 '퇴적암'으로 이루어져 있어요.

퇴적암은 암석을 구성하는 알갱이의 크기에 따라 '이암', '사암', '역암'으로 나뉘어요. 알갱이가 매우 작은 진흙이 굳어진 것은 이암, 알갱이 크기가 중간인 모래가 굳어진 것은 사암, 알갱이가 큰 자갈이 많이 섞여서 굳어진 것은 역암이에요.

어휘넓히기

풍화: 바위나 돌이 비, 바람, 온도 변화 때문에 잘게 부서지는 과정.
단층: 지각 변동으로 지층이 갈라져 어긋나는 현상.

화석

아주 옛날, 생물의 뼈나 몸의 흔적이 남아 돌처럼 단단해진 것.

생물이 죽어서 묻히면 그 위에 퇴적물이 쌓여 지층이 만들어져요. 지층에 묻힌 생물은 '화석'이 되지요. 그 후 지각 변동으로 땅속 지층이 솟아오르면, 침식 작용으로 지층이 깎이면서 그 속에 있던 화석이 드러난답니다.

화석을 통해 옛날에 살았던 생물의 생김새와 생활 모습, 화석이 발견된 곳이 어떤 환경이었는지를 알 수 있어요. 공룡 발자국이나 뼈 화석을 보고 공룡의 생김새를 짐작하고, 식물 화석을 분석해 오래전의 날씨를 짐작할 수 있어요.

어휘넓히기

지각: 지구 표면의 흙과 암석으로 이루어진 층.
지각 변동: 지각이 움직이는 것.

화산

땅속 깊은 곳의 마그마가 지표면으로 분출하는 지점.

땅속 깊은 곳에 있는 뜨거운 마그마가 지표면을 뚫고 나올 때 일어나는 일들을 '화산 활동'이라고 하는데, 지금도 화산 활동이 일어나는 화산을 '활화산', 활동을 멈춘 화산을 '휴화산', 활동을 완전히 멈춘 화산을 '사화산'이라고 해요. 백두산은 1925년 분출한 뒤 활동을 쉬고 있는 휴화산이고 꼭대기에 분화구 '천지'가 있어요. 분화구는 화산이 터질 때 용암, 화산 가스, 화산재 등을 분출하면서 생긴 구덩이예요. 한라산 꼭대기에 있는 '백록담'도 분화구예요.

어 휘 넓 히 기

분출: 액체나 기체가 세차게 뿜어 나오는 것.
화산재: '재'와 비슷하게 생긴 고체 화산 분출물.

화성암

화산 활동으로 만들어진 암석.

'화성암'에는 현무암과 화강암이 있어요. 현무암은 마그마가 땅 표면으로 흘러 나와 빠르게 식어서 굳어진 암석이에요. 알갱이가 매우 작고 색깔이 어둡고, 겉 에 구멍이 뚫린 것도 있지요. 구멍이 많은, 검은색 돌로 이루어진 제주도의 돌 하르방이 현무암이랍니다.

화강암은 마그마가 땅속 깊은 곳에서 천천히 식어서 굳어진 암석이에요. 화강 암은 알갱이가 크고 색깔이 밝으며, 밝은 바탕에 검은색 알갱이가 보여요. 경주 석굴암의 석굴과 불상들은 화강암으로 만들어졌어요.

화강암   현무암 하르방

어 휘 넓 히 기

용암: 지표 밖으로 분출된 마그마.
결정: 마그마가 식을 때 생기는 광물의 알갱이. 식는 속도에 따라 알갱이의 크기가 다름.

지진

땅이 지구 내부에서 작용하는 힘을 받아 끊어지면서 땅이 흔들리는 현상.

땅은 단단하고 늘 잠자코 있는 것처럼 보이지만 땅속에서는 지각판이 움직이며 어마어마한 에너지를 내고 있어요. 지진은 주로 판과 판이 만나는 부분에서 일어나는데, 이곳을 '지진대'라고 해요.

진원에서 지진이 발생하면 흔들림이 사방으로 퍼져 나가요. 그 속도가 아주 빨라서 먼 곳에서도 진동이 느껴지지요.

지진의 세기는 '리히터 규모', '진도' 등으로 나타내는데, 숫자가 클수록 강한 지진을 뜻해요.

어 휘 넓 히 기

진원: 지진이 처음 시작된 곳.
판: 지구 겉면을 덮는 여러 개의 조각. 판은 지구 내부의 운동으로 조금씩 움직임.

기압

기체의 압력.

따뜻한 공기는 차가운 공기보다 가벼워요. 어떤 곳이 태양열을 받아 따뜻해지면 공기가 가벼워져서 위로 올라가요. 이렇게 공기가 빠져나가 공기의 압력이 약해진 자리가 '저기압(낮은 기압)'이 되지요.

반대로 기온이 낮은 지역의 공기는 무거워져서 아래쪽으로 내려와 모여요. 공기가 많이 모이면 공기의 압력이 높아져서 '고기압(높은 기압)'이 돼요. 고기압일 때는 구름을 만들지 못해 날씨가 맑고, 저기압일 때는 흐리고 비가 오지요.

공기는 고기압에서 저기압으로 이동하는데, 이때 기압 차이로 공기가 움직이는 것을 '바람'이라고 하지요.

어휴 열받아!!
나 오늘 저기압이니까 건들지 마라.
아, 그래서 열받으면 저기압이 되는구나.

어휘넓히기

기단: 성질이 같은, 거대한 공기 덩어리.

예 우리나라는 겨울에 북쪽에서 오는 시베리아 기단의 영향으로 차가운 바람이 분다.

자전

지구가 남극과 북극을 이은 축을 중심으로 하루에 한 바퀴씩 도는 것.

지구는 자전축을 기준으로 서쪽에서 동쪽으로 하루(24시간)에 한 바퀴씩 회전해요. 그래서 해가 동쪽에서 뜨고 서쪽으로 지는 것처럼 보이는 거예요. 해가 뜨고 나서 다음 해가 뜰 때까지를 '하루'라고 해요.

매일 지구가 비행기보다 빠른 속도로 돌고 있는데도 우리는 일상생활에서 자전 속도를 느끼지 못해요. 고속 열차를 탔을 때 그 속도를 느낄 수 없는 것처럼 말이지요.

| 어 | 휘 | 넓 | 히 | 기 |

자전축: 지구의 북극과 남극을 연결한 가상의 선. 지구가 회전할 때 기준이 되는 고정된 중심축. 23.5° 정도 기울어져 있음.

공전

지구가 태양을 중심으로 1년에 한 바퀴씩 도는 것.

우리나라에 사계절에 있는 이유는 지구가 기울어진 채 태양 주위를 '공전'하기 때문이에요. 지구가 태양의 주위를 돌면 햇빛을 받는 위치가 달라지므로 기온이 달라지고 계절의 변화가 생긴답니다. 만약 지구의 자전축이 기울어지지 않았다면, 햇빛이 비치는 위치가 항상 같으므로 1년 내내 같은 계절일 거예요.

지구가 태양 주위를 한 바퀴 돌아 같은 자리로 오기까지 약 365일이 걸려요. 그래서 1년이 365일인 것이지요.

어 휘 넓 히 기

궤도: 중력과 같은 힘에 의해 둘레를 도는 물체가 지나는 곳.

지동설: 태양을 중심으로 지구가 태양 주위를 돌고 있다고 주장한 학설. 태양이 지구 주위를 돌고 있다고 주장한 학설은 천동설.

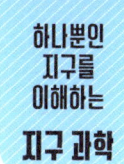
태양계

태양과 태양 주위를 도는 천체들과 그 공간.

'태양계'는 태양과 여덟 개의 행성, 행성 주위에 있는 위성, 소행성, 혜성 등으로 구성되어 있어요.

태양은 태양계에서 유일하게 스스로 빛을 내는 천체예요. 행성은 태양 주위를 돌고 있는, 스스로 빛을 내지 않는 천체이지요. 태양계에는 수성, 금성, 지구, 화성, 목성, 토성, 천왕성, 해왕성 등 여덟 개의 행성이 있어요. 위성은 행성이 잡아당기는 힘 때문에 행성 주변을 도는 천체예요. 달은 지구의 위성이랍니다.

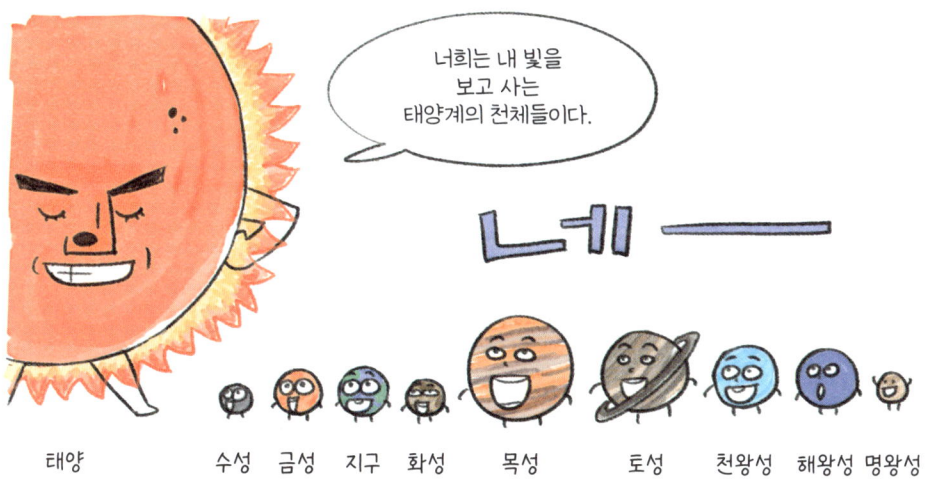

너희는 내 빛을 보고 사는 태양계의 천체들이다.

네 ―

태양   수성 금성 지구 화성   목성   토성   천왕성 해왕성 명왕성

어 휘 넓 히 기

천체: 우주에 존재하는 모든 물체.
항성: 태양처럼 스스로 빛을 내는 별.

행성

별(태양)의 주변을 도는 천체.

여기 행성이 아닌 녀석이 껴 있습니다!

누구냐?

앗!

태양　수성　금성　지구　화성　목성　토성　천왕성　해왕성　명왕성
(행성 아님)

태양에서 가장 가까이 있는 행성은 '수성'인데, 표면에 수많은 운석 구덩이가 있어요. '금성'은 밤하늘에서 가장 밝게 보이는 행성이에요. '지구'는 태양계에서 생명체가 살고 있는 유일한 행성이고, 위성인 달을 가지고 있지요. '화성'은 붉은색을 띠고 있으며 물이 흐른 흔적이 있어요. '목성'은 태양계에서 가장 큰 행성이고, 많은 위성을 가지고 있어요. '토성'은 밝고 뚜렷한 고리가 있는데, 이 고리는 얼음덩어리로 이루어져 있어요. '천왕성'은 청록색이 눈에 띄는 행성이에요. 태양과 가장 멀리 떨어져 있는 행성은 '해왕성'이에요.

어휘 넓히기

샛별: 새벽녘에 볼 수 있어서 붙여진 금성의 별명.
운석: 별똥. 대기 중에 들어온 유성이 다 타지 않고 천체의 표면에 떨어진 것.

지구 과학 어휘 다지기

※ 문장을 읽고, 빈칸에 들어갈 낱말을 〈보기〉에서 찾아 쓰세요. (1~4)

보기

지진	저기압	지형	지층	화산	화성암
행성	고기압	위성	소행성	혜성	기단

1. 화석은 주로 _____에서 발견된다.

2. _____의 영향으로 당분간 날씨가 맑다.

3. 일본에서는 _____이 자주 일어난다.

4. 태양계에는 수성, 금성, 지구 등의 _____이 있다.

5. 다음 문장에서 초성에 알맞은 낱말을 써 보세요. ☐ ☐

우리나라에 사계절이 있는 이유는 지구가 기울어진 채
태양 주위를 ㄱ ㅈ 하기 때문입니다.

6. 다음 중 지진의 세기를 나타내는 말은 무엇인가요? (   )

① 지진대   ② 규모   ③ 파동   ④ 판   ⑤ 와트

〈정답〉 1. 지층 2. 고기압 3. 지진 4. 행성 5. 공전 6. ②

무게

지구가 물체를 끌어당기는 힘의 크기로, 물체의 무겁고 가벼운 정도.

'무게'는 지구가 물체를 끌어당기는 힘의 크기예요. 가벼운 물체보다 무거운 물체를 지구가 더 큰 힘으로 끌어당겨 무게의 차이가 생기지요.

달에서의 중력은 지구 중력의 6분의 1이에요. 그래서 같은 물체라도 달에서 무게를 재면 지구에서 측정한 무게의 6분의 1이 되지요.

물체가 가지고 있는 고유의 양을 '질량'이라고 해요. 물체를 끌어당기는 힘이 달라지는 별에서 몸무게를 잰다면 몸무게는 변할 수 있지만, 질량은 어디에서든 변하지 않는답니다.

어휘 넓히기

중력: 지구 중심이 지구 위의 물체를 끌어당기는 힘.

　예 지구의 회전 때문에 원심력이 작용해 적도의 중력은 극지보다 약하다.

속력

물체가 일정한 시간 동안 이동한 거리.

나는 10초 동안 80m를 달리고 친구는 60m를 달렸다면, 같은 시간에 더 먼 거리를 이동한 내가 친구보다 더 빠르다고 할 수 있어요. 이렇게 '속력'은 1초(s), 1시간(h)과 같은 일정한 시간 동안 물체가 이동한 거리를 말해요.

속력을 나타내는 단위로는 m/s(미터/초), km/h(킬로미터/시) 등이 있어요. 3m/s는 1초 동안 3m의 거리를 이동할 수 있는 빠르기라는 것이고, '초속 3미터'라고 읽어요. 60km/h는 1시간 동안 60km의 거리를 이동할 수 있는 빠르기이고, '시속 60킬로미터'라고 읽어요.

어 휘 넓 히 기

등속 운동: 빠르기가 일정한 운동. 예 무빙 워크나 에스컬레이터는 등속 운동을 하는 탈것이다.

자기력

자석과 자석 사이, 자석과 철 사이에 서로 당기거나 미는 힘.

막대자석에 클립을 붙였을 때 양쪽 끝에 클립이 가장 많이 달라붙어요. 자석의 양쪽 끝이 가장 힘이 센 곳이기 때문이에요. 모든 자석은 모양이나 크기에 상관 없이 가장 힘이 센 양쪽의 두 극, N극과 S극을 가지고 있는데, 보통 자석의 N극 은 빨간색으로, S극은 파란색으로 표시해요.

같은 극인 N극과 N극, S극과 S극끼리는 서로 밀어내는 힘이 작용해요. 반대로 서로 다른 극인 N극과 S극은 서로 끌어당기는 성질이 있지요. 이렇게 자석이 같 은 자석이나 철로 된 물체를 끌어당기거나 미는 힘을 '자기력'이라고 해요.

어 휘 넓 히 기

나침반: 작은 자석(자침)을 이용해 방향을 알려 주는 도구.
자화: 자석이 아닌 물체가 자석의 영향을 받아 자석처럼 되는 현상.

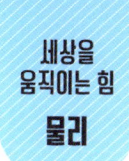

자기장

자석이나 전류가 흐르는 전선 주위에 생기는 힘이 작용하는 공간.

자석 위에 흰 종이를 올려 놓고 철 가루를 뿌려 보면, 철 가루가 일정한 모양을 그리며 늘어서요. 이때 자석에 바로 붙어 있지 않은 철 가루에도 영향을 미치는 것을 볼 수 있는데, 이렇게 자석 주위에 '자기력'이 영향을 미치는 공간을 '자기장'이라고 해요.

자기장은 전류가 흐르는 전선 주위에도 만들어져요. 나침반은 자기력에 영향을 받는데, 전기 회로의 전선 주위에 나침반을 놓은 뒤 스위치를 껐다 켰다 하면 이에 따라 나침반의 바늘이 움직인답니다.

어휘 넓히기

발전기: 자기장을 이용해서 전기를 만드는 장치.
MRI: 자기 공명 영상 장치. 강한 자기장과 전자기파를 이용해 몸속을 촬영하는 의료 기기.

전기

전자의 이동으로 생기는 에너지.

고장 났나?
왜 안 돼?

냉장고, 에어컨, 컴퓨터, 세탁기 등의 가전제품은 '전선'이 있어요. 전선 끝 플러그를 콘센트에 꽂으면 전선을 따라 가전제품에 전기가 흐르게 되지요. 전선은 전기가 흘러가는 길인데, 이렇게 물처럼 흐르는 전기를 '전류'라고 해요.

전류는 전지, 전선, 스위치 등을 연결해 만든 '전기 회로'를 따라 흘러요. 가전제품에도 전기 회로가 들어 있는데, 플러그를 뽑거나 스위치를 끄거나 전선을 자르는 등 전기 회로가 중간에 끊어지면 흐르던 전기가 멈추게 된답니다.

전선을 물어뜯으면 어떡해!
전류가 안 흐르잖아.

헥 헥 —

어 휘 넓 히 기

플러그: 전기 회로를 쉽게 접속하거나 절단하는 데 사용하기 위해 전선 끝에 단 기구.
콘센트: 플러그를 끼울 수 있는 전기 배선과 전선의 접속에 쓰는 기구.

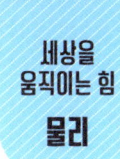
전자석

전류를 흐르게 하여 만든 자석.

철 막대에 전선을 감은 다음 전류를 흐르게 하면 철 막대에 클립이 붙어요. 철 막대가 일시적으로 자석이 된 것이지요. 전자석은 전류를 끊으면 자석의 성질이 사라져요.

'자기 부상 열차'는 전자석을 이용한 열차예요. 열차 바닥이나 선로에 전자석을 설치하고 같은 극의 자석이 서로 밀어내는 성질을 이용해 열차를 뜨게 만들고, 다른 극의 자석끼리 끌어당기는 성질을 이용해 앞으로 움직이게 하는 거랍니다. 열차가 선로 위를 떠서 달리기 때문에 마찰이 없고 일반 열차보다 속도가 빠른 장점이 있어요.

어휘넓히기

소비 전력: 전기 제품이 얼마나 많은 전기를 사용하는지 나타내는 수치.
배터리: 전기를 저장하고 공급하는 장치.

전압

전기가 흐르는 힘의 세기.

콘센트 모양이 이상해!

흔히 사용하는 원통형 건전지의 겉면에 1.5V라고 쓰여 있는 것을 볼 수 있는데, 볼트(V)는 '전압'의 크기를 나타내는 단위예요.

우리나라와 유럽은 가정에서 220V를 사용하지만, 미국은 110V가 표준이에요. 외국에 나가 전자 제품을 사용

할 때는 콘센트 모양과 전압을 잘 확인해야 해요.

전압이 세질수록 전기 회로에 흐르는 전류의 양이 많아져요. 전압이 높으면 전류가 세게 흐르고 전압이 낮으면 전류도 약하게 흐른답니다.

여긴 우리나라와 전압이 달라서 변압기를 써야 해.

으아학!

어 휘 넓 히 기

전력: 단위 시간에 사용되는 에너지의 양. 단위는 와트(W).
전기 회로: 전기가 흐르는 길(경로).

전도

열이 다른 부분으로 옮겨 가는 현상.

손이 시릴 때 핫팩을 쥐고 있으면
손이 점점 따뜻해져요. 이렇게 온
도가 변한 이유는 핫팩에서 손으로
열이 이동했기 때문이에요. 열은 온
도가 높은 곳에서 낮은 곳으로 이
동하는데, 열이 이동하는 원리에는
전도, 대류, 복사가 있어요.
'전도'는 뜨거운 냄비 안에 있던 국
자의 손잡이가 뜨거워지는 것처럼
열이 닿아 있는 물질을 타고 이동하
는 거예요. '대류'는 물질이 아래위
로 직접 움직여서 열을 전달하는 거
예요. 뜨거운 물에 찬물을 부으면
미지근해지는 것이 대류의 예지요.

마시멜로는
구워 먹어야
제대로지.

앗, 뜨거워

에휴!
쇠막대는 열이
잘 전도된다고.

어휘 넓히기

복사: 열이 물질의 도움 없이 직접 이동하는 것. 태양열이 지구로 직접 전해지는 것도 복사.
전도도: 물체나 물질이 열을 전달하는 정도.

단열

열의 이동을 막는 것.

'단열'하면 열의 이동을 막아 온도를 일정하게 유지할 수 있어요. 단열이 잘되는 보온병은 뜨거운 음료를 오랫동안 따뜻하게 보관하거나 차가운 얼음을 오랫동안 녹지 않게 보관할 수 있지요. 음식이 빨리 식지 않게 하려고 단열 효과가 좋은 소재로 만든 보냉 가방을 이용하고, 겨울철 건물에서 빠져나가는 열을 막기 위해 벽에 단열재를 붙이기도 해요. 겨울철 유리로 된 창문에 비닐 뽁뽁이(에어캡)를 붙이는 것도 단열을 위해서예요. 방 안의 온기가 빠져나가는 것을 막고, 바깥의 찬 기운이 들어오는 것도 막아 준답니다.

어 휘 넓 히 기

열전도율: 열이 얼마나 잘 전달되는지를 나타내는 값.
단열재: 보온을 하거나 열을 차단하려고 쓰는 재료.

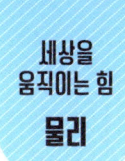

빛의 직진

빛이 곧게 나아가는 현상.

놀이동산의 레이저 쇼나 구름 사이로 나오는 햇빛을 보면 빛이 곧게 나아가는 '빛의 직진'을 볼 수 있어요. 빛이 곧게 나아가다가 물체를 만나면 빛이 나아가지 못하므로 물체의 뒤쪽에 '그림자'가 생겨요. 그림자는 빛이 직진하기 때문에 생기는 현상이에요. 야외에 있을 때 그림자가 생기는 것은 태양빛이 직진하다가 우리 몸에 부딪혀 더 이상 나아가지 못하기 때문이지요. 그래서 그림자는 빛의 방향과 반대편에 생겨요.

빛이 직진하는 것처럼 너에게 직진하겠어!

반사

어 휘 넓 히 기

광원: 태양이나 별, 전구처럼 스스로 빛을 내는 물체.

　　⟨예⟩ 우리는 광원에서 나오는 빛이 있어서 물체를 볼 수 있다.

빛의 굴절

빛의 진행 방향이 꺾이는 현상.

빛이 곧게 나아가다가 다른 물질을 만나 꺾이는 현상을 '빛의 굴절'이라고 해요. 빛이 물질을 통과할 때 물질의 종류에 따라 통과하는 빠르기가 달라서 빛이 꺾이는 거예요. 빛이 공기 중에서 물속으로 들어갈 때 꺾이는 이유는 빛의 속도가 물속에서 느려지기 때문이에요.

빛의 굴절과 관련된 현상으로는 물속에 있는 다리가 짧아 보이는 것, 물컵에 넣은 빨대가 꺾여 보이는 것, 물그릇 속 동전이 비어 있는 그릇에 있는 동전보다 떠올라 보이는 것 등이 있어요.

어휘 넓히기

빛의 반사: 빛이 나아가다가 물체에 부딪치면서 방향이 바뀌어 되돌아 나오는 현상.
> **예** 빛의 반사 덕분에 우리는 거울에 비친 물체의 모습을 볼 수 있다.

물리 어휘 다지기

※ 문장을 읽고, 빈칸에 들어갈 낱말을 〈보기〉에서 찾아 쓰세요. (1~4)

보기

굴절　반사　직진　크기　무게　부피
높이　단열　단열재　전도　대류　복사

1. 저울로 이 물체의 ____________ 를 측정해 보자.

2. 난로를 피우면 ____________ 현상으로 실내가 따뜻해진다.

3. 겨울철 건물에서 열이 빠져나가는 것을 막기 위해 벽에 ____________ 를 붙인다.

4. 수영장 물속에서 다리가 짧아 보이는 것은 빛의 ____________ 때문이다

5. 다음 글에서 설명하는 것이 무엇인지 써 보세요. □□□

빛이 곧게 나아가다가 물체를 만나면
빛이 나아가지 못해 물체의 뒤쪽에 생기는 것.

6. 다음 빈칸에 알맞은 말을 고르세요. (　　　)

철조망에 고압 (　　　)가 흐르니 조심해야 한다.

① 전압　② 전자석　③ 전류　④ 자기장　⑤ 전도

〈정답〉 1. 무게 2. 대류 3. 단열재 4. 굴절 5. 그림자 6. ③

생태계

생물 요소와 비생물 요소가 상호 작용하는 세계.

지구에 다양한 생물이 '생태계'를 이루며 살 수 있는 건 적당한 햇빛과 물 등 환경이 잘 갖추어졌기 때문이지요. 생태계의 '생물 요소'는 동물, 식물처럼 살아 있는 것이고, '비생물 요소'는 물, 흙, 공기, 햇빛처럼 생물이 아닌 요소예요. 생물 요소에는 생산자, 소비자, 분해자가 있어요. 식물은 광합성을 해서 스스로 양분을 만드는 '생산자'예요. 모든 동물은 스스로 양분을 만들지 못하고 식물이나 다른 생물을 먹어서 영양분을 얻는 '소비자'예요. 세균, 곰팡이, 버섯과 같이 죽은 동식물의 몸을 분해하는 생물은 '분해자'예요.

어휘 넓히기

세균: 눈으로 볼 수 없을 만큼 작은, 단세포로 된 생물. 병을 일으키기도 하지만, 유산균처럼 좋은 영향을 주는 세균도 있음.

먹이 사슬

먹고 먹히는 관계가 사슬과 같이 이어져 있는 것.

이것이 먹이 사슬.
오늘도 평화로운
생태계.

풀을 먹는 메뚜기는 개구리에게 잡아먹히고, 개구리는 뱀에게 잡아먹혀요. 생태계 속 생물은 서로 먹고 먹히는 관계, '먹이 사슬'을 이루고 있어요.

여러 개의 먹이 사슬이 복잡하게 얽힌 것을 '먹이 그물'이라고 해요. 생물은 서로 먹고 먹히는 관계가 복잡하게 연결되어 있어야 멸종하지 않을 수 있어요. 가뭄으로 풀이 모두 시들어 버리고 메뚜기가 굶어 죽는다 해도 개구리와 뱀이 모두 죽지는 않아요. 개구리는 다른 곤충을 잡아먹고, 뱀도 개구리 말고도 다른 동물을 먹을 수 있기 때문이지요.

어 휘 넓 히 기

멸종: 생물의 한 종류가 완전히 사라져 버리는 것.
　　예 중생대에 번성했던 공룡은 모두 멸종해 지구에서 사라졌다.

한살이

동물이나 식물의 일생.

'한살이'란 동물이나 식물이 성장해 자손을 남기고 죽을 때까지의 과정이에요. 식물의 한살이는 싹이 트고, 잎과 줄기가 자라고, 꽃이 피고, 열매를 맺기까지의 과정이에요.

곤충의 한살이는 알, 애벌레, 번데기의 시기를 거쳐 성충(어른벌레)으로 자라는 과정이에요. 나비나 벌처럼 '알→애벌레→번데기→성충'의 과정을 거치는 '완전 탈바꿈' 곤충이 있고, 잠자리나 하루살이처럼 '알→애벌레→성충'의 과정을 거치는 '불완전 탈바꿈' 곤충이 있어요.

어휘 넓히기

탈바꿈: 알에서 깨어난 동물이 자랄 때까지 여러 가지 모양으로 변하는 일. = 변태.
번식: 자기처럼 생긴 새로운 생명을 낳는 것.

광합성

식물이 빛을 이용해 필요한 영양분을 만드는 과정.

식물의 잎이 초록색으로 보이는 까닭은 '엽록소'라는 초록색 색소 때문이에요. 엽록소는 햇빛, 물, 이산화탄소를 이용해 스스로 양분을 만드는데, 이것을 '광합성'이라고 해요. 잎이 햇빛을 받으면 엽록소에서 빛에너지를 흡수해서 광합성에 필요한 재료로 써요.

식물이 광합성을 하는 과정에서 영양분(녹말)이 식물의 잎, 줄기, 뿌리 등으로 이동하고, 산소가 만들어져요. 식물의 광합성 덕분에 생물은 음식(영양분이 있는 식물)을 얻고, 산소로 숨도 쉴 수 있답니다.

어휘 넓히기

양분: 영양이 되는 성분.
녹말: 광합성으로 만들어져 식물의 뿌리, 줄기, 씨앗 등에 저장된 탄수화물.

증산 작용

식물에 흡수된 물이 수증기가 되어 흩어지는 작용.

무...무을
좀 줘...

증산 작용은
널 항상
목마르게 하지.

잎이 많은 식물에 비닐봉지를 씌워 두면 수증기가 차고 봉지 안쪽에 물방울이
맺혀요. 이것은 식물 잎에서 일어나는 '증산 작용' 때문이에요.

식물의 잎 뒷면에 있는 작은 구멍인 '기공'을 통해 잎 안의 물이 수증기가 되어
공기 중으로 빠져나가요. 증산 작용은 뿌리에서 흡수한 물을 위쪽까지 끌어
올리고 수분을 내보내 온도를 조절하는 역할을 해요.

우리가 땀을 흘려 몸속의 노폐물을 내보내고 체온 조절을 하는 것과 비슷하
지요.

어 휘 넓 히 기

물관: 뿌리에서 흡수한 물을 줄기에서 잎으로 올려 보내는 통로.
체관: 잎에서 만들어진 양분의 통로.

세포

생물을 이루는 가장 작은 단위.

우리 몸은 '세포'라는 눈에 잘 보이지 않는 아주 작은 부분들로 이루어져 있어요. 세포는 현미경을 이용해서 관찰할 수 있어요.

세포 안에는 핵, 미토콘드리아, 세포막 등이 있어요. 핵 속에는 생물의 모든 정보가 들어 있어요. 미토콘드리아는 세포에 힘을 주는 에너지를 만들어요. 세포막은 세포를 둘러싸고 보호하지요. 특히 식물 세포는 광합성을 통해 양분을 만드는 엽록체와 세포의 모양을 유지해 주는 세포벽을 가지고 있어요.

어 휘 넓 히 기

단세포 생물: 세포 1개로 이루어진 생물. 아메바, 짚신벌레, 세균 등.
다세포 생물: 여러 개의 세포로 이루어진 생물. 사람, 동물, 식물 등.

순환

하나의 과정을 지나 다시 처음 자리로 돌아오는 것.

심장에서 나온 혈액이 산소와 영양분을 싣고 혈관을 통해 온몸 구석까지 다닌 후 다시 심장으로 돌아오는 것을 '혈액 순환'이라고 해요.

우리는 코, 기관지, 폐 등을 통해 호흡을 해요. 우리가 숨을 쉬는 과정 속에서 폐는 혈액에 산소를 공급하고, 혈액 속 이산화탄소를 몸 밖으로 배출해요. 폐를 거쳐 심장으로 돌아온 혈액은 깨끗한 혈액이에요.

혈액에 있는 노폐물을 걸러 오줌으로 내보내는 콩팥과 땀으로 노폐물을 내보내는 모세 혈관도 깨끗한 혈액의 순환을 도와요.

어 휘 넓 히 기

적혈구: 혈액 속에서 산소를 운반하는 세포, 헤모글로빈이 들어 있음.

백혈구: 몸속으로 들어온 병균을 잡아먹으며 우리 몸을 지키는 면역 세포.

생물 어휘 다지기

※ 문장을 읽고, 빈칸에 들어갈 낱말을 〈보기〉에서 찾아 쓰세요. (1~4)

보기

> 순환   호흡   배설   광합성   증산
> 증발   생태계   한살이   세포   세균

1. _____가 파괴되면 동물이 멸종하는 현상이 일어난다.

2. 식물의 잎은 _____ 작용으로 영양분을 만든다.

3. 운동은 혈액 _____을 왕성하게 해 준다.

4. 이 물질은 _____의 분열을 더욱 촉진시켰다.

5. 다음 글에서 설명하는 것이 무엇인지 써 보세요. ☐ ☐ ☐ ☐

> 생태계에서 여러 개의 먹이 사슬이 복잡하게 얽힌 것을 말한다.

6. 다음 빈칸에 들어갈 알맞은 낱말을 고르세요. (   )

> 잎이 많은 식물에 비닐봉지를 씌워 두면 수증기가 차고 비닐봉지 안쪽에
> 물방울이 맺히는데, 이것은 식물 잎에서 일어나는 (   ) 작용 때문이다.

① 광합성   ② 번식   ③ 증산   ④ 증가   ⑤ 분해

(정답) 1. 생태계 2. 광합성 3. 순환 4. 세포 5. 먹이 그물 6. ③

113

고체

굳은 모양을 가지고 있어서 쉽게 형태가 바뀌지 않는 물질.

연필, 지우개, 유리컵 등의 '물체'를 만드는 재료인 흑연, 고무, 유리 등을 '물질'이라고 불러요. 물질은 온도에 따라 고체, 액체, 기체의 세 가지 상태예요.

'고체'는 돌멩이, 나무, 플라스틱처럼 일정한 굳은 모양을 가져서 눈으로 보고 만질 수 있지요. 담는 그릇이 바뀌어도 모양이 변하지 않아요.

물은 그릇의 모양에 따라 형태가 변하지요. 이렇게 물이나 우유처럼 눈에 보이지만 일정한 모양이 없어 잡을 수 없는 물질의 상태를 '액체'라고 해요.

어휘 넓히기

물체: 구체적인 모양을 가지고 있는 것.
물질: 물체를 이루고 있는 재료.

기체

일정한 모양이 없고 자유롭게 움직이는 물질.

산소나 이산화탄소처럼 눈에 보이지 않고 일정한 모양이 없어 만질 수도 없으며
공기 중을 자유롭게 움직이는 물질의 상태를 '기체'라고 해요. 공기를 동그란
풍선에 넣으면 동그란 모양, 하트 모양 풍선에 담으면 하트 모양이 되는 것처럼
기체는 담는 그릇에 따라 모양이 변해요.

물은 온도가 낮아지면 고체인 얼음이 되고 온도가 높아지면 액체인 물이 되고
100℃가 넘으면 기체인 수증기가 돼요. 이렇게 물은 고체, 액체, 기체의 세 가지
상태로 변할 수 있답니다.

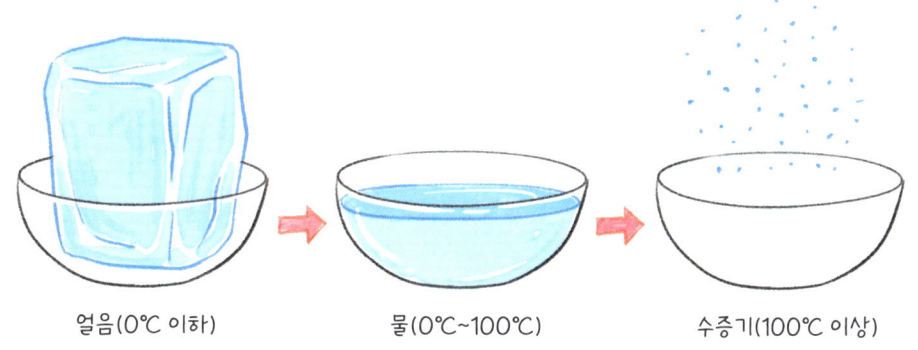

얼음(0℃ 이하)   물(0℃~100℃)   수증기(100℃ 이상)

어 휘 넓 히 기

증발: 액체인 물이 기체인 수증기로 변하는 것. **예** 그릇에 담긴 물이 증발하고 없다.

응결: 기체인 수증기가 액체인 물로 변하는 것. **예** 컵 표면에 응결한 물방울.

부피

물체나 물질이 차지하는 공간의 크기.

기체는 일정한 모양과 크기가 없지만 '부피'는 있어요. 풍선을 불면 점점 커지는데, 풍선 속 기체의 부피가 커져서 그런 거예요. 기체는 무게도 있어요. 두 개의 풍선을 불어서 양팔 저울에 하나씩 매달아 수평을 맞춘 후 한쪽 풍선에서만 공기를 빼면, 공기가 들어 있는 풍선 쪽으로 저울이 기우는 것을 볼 수 있지요.

기체에 가하는 압력이 셀수록 부피는 더 많이 줄어들어요. 주사기에 공기를 넣고 손으로 끝을 막은 후 피스톤을 밀면 피스톤이 조금씩 안으로 들어가요. 피스톤을 더 세게 밀면 주사기 속 공기의 부피는 더 작아지지요.

어 휘 넓 히 기

수평: 평평한 상태. 예 몸무게가 같은 사람이 시소를 타면 시소가 수평이 된다.
질소: 과자, 음료 등 식품을 신선하게 보존하는 데 이용되는 기체.

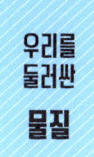

용액

두 가지 이상의 물질이 액체 상태로 섞여 있는 것.

탄산음료에는 물과 설탕, 이산화탄소 등이 들어 있어요. 이처럼 두 가지 이상의 물질이 골고루 섞인 액체를 '용액'이라고 해요. 용액은 오랫동안 그대로 두어도 밑에 가라앉는 것이 없어요. 과일을 갈아서 만든 주스나 흙탕물처럼 가만히 두었을 때 바닥에 가라앉는 물질이 있는 것은 용액이 아니에요.

용액은 '용해'를 통해서 만들어져요. 설탕이 물에 녹는 것처럼 물질이 물에 녹는 것을 용해라고 하지요. 설탕물은 설탕이 용해된 용액이에요.

어 휘 넓 히 기

용매: 용액에서 다른 물질(용질)을 녹이는 액체(녹이는 매개체). **예** 설탕물에서 용매는 물이다.
용질: 용액에서 녹는 물질. **예** 설탕물에서 용질은 설탕이다.

용해

어떤 물질이 다른 물질에 녹아 골고루 섞이는 현상.

소금을 물에 녹이면 소금 알갱이가 보이지 않아요. 소금이 없어진 걸까요? 물을 맛보았을 때 짜다면 소금이 그대로 있다는 걸 알 수 있어요. 소금 입자가 물 입자 사이에 골고루 섞여서 소금 알갱이가 보이지 않는 것이지요.

소금이 용해되기 전과 후의 무게는 같아요. 소금과 물의 무게를 따로따로 재서 합한 것과 소금물의 무게는 같답니다.

융해: 고체가 액체로 변하는 상태 변화. **예** 얼음이 녹아 물이 되는 현상은 융해다.
확산: 용해된 물질이 골고루 퍼져 나가는 현상.

용해도

어떤 온도에서 일정한 용매에 최대한 녹을 수 있는 용질의 양.

설탕을 물에 계속 넣으면 어느 순간 설탕이 녹지 않고 바닥에 가라앉아요. 이렇게 일정한 양의 용매에 최대한 녹을 수 있는 양을 '용해도'라고 하고, 용질이 더 이상 녹을 수 없을 만큼 최대로 녹아 있는 용액을 '포화 용액'이라고 해요.

물질의 용해도는 온도에 따라 달라져요. 물의 온도가 높아질수록 고체인 설탕이 더 많이 녹을 수 있지요. 반대로 기체는 물의 온도가 낮을수록 더 많이 녹아요. 그래서 사이다를 차갑게 식혀야 이산화탄소가 잘 녹아 있어서 탄산이 풍부한 사이다를 먹을 수 있는 거죠.

더 이상 못 먹겠어.
포화 상태야.

끄억

어 휘 넓 히 기

농도: 용액 속에 용질이 얼마나 들어 있는지 나타내는 정도.
이산화탄소: 탄소 물질이 탈 때 생기는 무색 기체. 식물이 광합성을 할 때 필요.

혼합물

둘 이상의 물질이 본래의 성질을 잃지 않고 섞여 있는 물질.

비빔밥, 과일 샐러드 등의 음식은 여러 가지 물질이 섞여 있지만 색깔과 맛이 변하지 않아 '혼합물'이라 할 수 있어요. 공기도 질소, 산소, 이산화탄소 등 여러 가지 기체가 섞인 혼합물이지요.

혼합물은 다양한 방법으로 분리할 수 있어요. 흙탕물은 거름종이를 이용해 물과 흙으로 분리해요. 자갈과 모래가 섞인 혼합물은 체에 걸러 분리해요. 소금물을 끓이면 물이 증발하고 소금만 남아요. 이것은 바닷물을 햇볕에 증발시켜 소금을 얻는 방법과 비슷해요.

어휘 넓히기

분리: 따로 나누어 떼어 놓는 것.
순물질: 물이나 소금처럼 한 종류의 물질로 이루어진 것. 순수 물질.

연소

물질이 산소를 만나 빛과 열을 내면서 타는 현상.

'연소'가 일어나려면 세 가지 조건이 필요해요. 불에 탈 물질이 있어야 하고, 온도가 발화점 이상이 되어야 하고, 산소가 있어야 하지요. 예를 들어 불에 잘 타는 나무 장작을 연소시키려면 나무의 발화점인 450℃ 이상으로 온도가 올라가야 하고, 공기(산소)가 잘 통하도록 장작을 겹치지 않게 쌓아야 해요.

불이 났을 때 세 가지 조건 중 하나라도 없어지면 불이 꺼지는데, 이것을 '소화'라고 해요. 불이 붙은 양초에 컵을 덮으면 산소가 차단되어 불이 꺼져요.

불을 끄는 방법

물을 뿌려 온도를 낮춘다

탈 물질을 없앤다

산소를 차단한다

어휘 넓히기

발화점: 물질이 스스로 타기 시작하는 온도.
불완전 연소: 산소가 부족할 때 연기나 일산화탄소를 내며 완전히 타지 않는 것.

산성

물질이 가지고 있는 산의 성질.

'산성' 물질에는 레몬, 신김치, 식초, 오렌지주스 등이 있어요. 대부분 신맛이 나지요. '염기성' 물질에는 세제, 샴푸, 비누, 치약 등이 있어요. 염기성 물질은 쓴맛이 나고 피부에 닿았을 때 미끈미끈해요(염기성 물질을 맛보지 마세요!).

산성 물질과 염기성 물질이 서로 섞여서 각자의 성질을 잃어버리는 것을 '중화 반응'이라고 해요. 염기성을 띠는 생선 비린내를 없애려고 레몬즙을 뿌리는 것, 위에서 위산이 많이 나와 속이 쓰릴 때 염기성 물질인 '제산제'를 먹는 것도 중화 반응을 이용한 것이지요.

어 휘 넓 히 기

산성비: 자동차 배기가스 같은 오염 물질이 섞여서 생긴 산성이 강한 비. 흙과 호수를 산성으로 변하게 해서 환경 오염을 일으킴.

지시약

용액의 성질을 알 수 있게 하는 약품.

용액의 성질을 알아보기 위해 함부로 만지거나 맛보는 것은 위험해요. 그래서 '지시약'이 필요하지요. 지시약은 용액과 닿으면 특별한 색깔로 변해서 그 용액의 성질을 알려 줘요. 산성, 염기성을 알아볼 수 있는 지시약에는 리트머스 종이, 페놀프탈레인 용액 등이 있어요. 산성 용액은 푸른색 리트머스 종이를 붉은색으로 변하게 하고, 염기성 용액은 붉은색 리트머스 종이를 푸른색으로 변하게 해요. 페놀프탈레인 용액은 염기성 용액에 붉게 변해요.

어 휘 넓 히 기

pH: 수소 이온 농도 지수. 물질이 산성인지 염기성인지 숫자로 나타내는 값(0~14). pH 7은 중성, pH 7보다 작으면 산성, pH 7보다 크면 염기성.

물질 어휘 다지기

※ 문장을 읽고, 빈칸에 들어갈 낱말을 〈보기〉에서 찾아 쓰세요. (1~4)

| 산소 | 질소 | 수소 | 기체 | 고체 | 액체 |
| 소화 | 연소 | 부피 | 무게 | 산성 | 염기성 |

1. 기체인 수증기가 _____인 물로 변하는 것을 응결이라고 한다.

2. 기체에 가하는 압력이 셀수록 _____가 더 많이 줄어든다.

3. 산성비는 흙과 호수를 _____으로 변하게 하여 환경 오염을 일으킨다.

4. _____가 일어나려면 산소가 있어야 한다.

5. 다음 문장에서 문장과 초성에 알맞은 낱말을 써 보세요. ☐☐

> 액체인 물이 기체인 수증기로 변하는 것을 ㅈ ㅂ 이라고 합니다.

6. 다음 빈칸에 알맞은 말을 고르세요. (   )

> (   )은 두 가지 이상의 물질이 골고루 섞여 있는 액체를 말합니다.

① 용매   ② 용질   ③ 용해   ④ 용해도   ⑤ 용액

※ 다음 빈칸에 들어갈 알맞은 낱말을 〈낱말 표〉에서 찾아 ○표 하세요. (가로, 세로, 대각선 모두 가능함)

1. 공기 중을 자유롭게 움직이는 물질의 상태를 _____라고 한다.

2. 물체나 물질이 차지하는 공간의 크기를 _____라고 한다.

3. 용질이 더 이상 녹을 수 없을 만큼 최대로 녹아 있는 용액을 _____ 용액이라고 한다.

4. 용액의 성질을 알 수 있게 하는 약품을 _____이라고 한다.

5. 산성 물질과 염기성 물질이 섞여서 각자의 성질을 잃어버리는 것을 _____ 반응이라고 한다.

낱말 표

행	성	구	심	력	위	도	천
공	전	체	고	액	성	체	경
순	부	력	기	체	유	연	부
환	피	구	구	반	사	지	염
석	자	전	력	영	층	시	산
남	교	류	포	중	계	약	알
해	왕	성	진	화	산	국	파
호	흡	소	염	기	성	화	실